August Höglinger

Männer –
was Frauen über sie wissen sollten

Verlag A. Höglinger

Impressum:

Herausgeber und Verleger: August Höglinger
Lektorat: Textservice Johann Schnellinger, Linz
Druck: Druckerei Rudolf Trauner GesmbH, Köglstraße 14, 4021 Linz
Cover: Projektagentur Weixelbaumer KEG, Landstraße 22, 4020 Linz
Satz und Layout: Friedrich Jung A3 Werbeservice GmbH, Franckstraße 45, 4020 Linz
Redaktionelle Bearbeitung: Dr. Georg Schildhammer

Bestellungen an den Verlag:
Dr. August Höglinger, Fröhlerweg 8, A-4040 Linz
Tel.: ++43(0)732 / 75 75 77
Fax: ++43(0)732 / 75 75 77-4
E-Mail: office@hoeglinger.net
Internet: www.hoeglinger.net

ISBN 978-3-9501137-7-8

Männer –
was Frauen über sie wissen sollten

Inhalt

Vorwort 7

Einleitung 10

Die Realität des Mannes 14

Männerrollen und ihr Wandel 15

Wie wird ein Mann zum Mann? 21

Welche Männer kennt die Frau? 32

Männer und Frauen 42

Ein Thema für sich: die Schwiegermutter 55

Wünsche von Frauen und Männern 62

Das Beziehungskonto 72

Die zwei Geheimnisse von
Männern und Frauen 77

Der verletzte Mann 85

Die Suche nach der richtigen Frau 92

Zwei Arten von Beziehungen mit Männern 97

Die Jagd auf Frauen 103

Männer und Sex 108

Männer und ihre drei Sehnsüchte 119

Sollen Frauen Männer ändern? 129

Männer...! 137

Männliche/weibliche Form im Text

Ich habe aus Gründen der besseren Lesbarkeit und Verständlichkeit des Textes nur eine Form der Anrede gewählt, und zwar die männliche, weil sie die gängigere ist. Diese steht stellvertretend für beide Geschlechter. Ich bitte alle meine Leserinnen und Leser um ihr Verständnis.

Vorwort

Warum schreibe ich ein Buch über Männer – und das noch dazu für Frauen?

Indem ich Ihnen, liebe Leserinnen, etwas über uns Männer erzähle, offen und ohne falsche Scham, möchte ich Sie dabei unterstützen, uns besser zu verstehen. Und dadurch helfe ich wiederum uns Männern, da Sie, liebe Leserinnen, uns in Zukunft mit anderen Augen betrachten werden. Sie sehen also: Meine Absicht, mich mit diesem Thema zu beschäftigen, ist nicht ganz uneigennützig.

Das vorliegende Buch hat aber darüber hinaus noch eine weit in mein persönliches Leben hineinreichende Vorgeschichte.

Mein Vater war verunglückt, als ich noch ein kleiner Junge war. Der Verlust meines biologischen Vaters hat mich dazu gebracht, mir immer wieder neue männliche Identifikationsfiguren, gleichsam Ersatzväter, zu suchen. Im Laufe der Jahre habe ich mich zunehmend intensiver auch theoretisch mit dem Thema „Männer" und „Mannwerdung" auseinander gesetzt und viele kluge Bücher zu diesem Thema gelesen.

1988 habe ich dann eine Männergruppe gegründet. Ich bin die Sache also, wenn man so will, professionell angegangen. Ein paar Jahre später, genauer gesagt 1995, traf ich dann auf einen 60-jährigen Mann, der mich sehr beeindruckt hat. Auf einer Fahrt von München nach Chiemsee fassten wir den Entschluss, gemeinsam ein Männerseminar zu veranstalten. Es sollte ein Seminar werden über Männer für Männer.

Das war für uns beide von Anfang an klar. Seither halten wir regelmäßig zusammen Männerseminare ab. An dieser Stelle möchte ich Alfed Preuß – das ist dieser Mann – aus ganzem Männerherzen für die jahrelang befruchtende Zusammenarbeit danken.

Es ist faszinierend, zu erleben, wie sehr Männer, wenn sie unter sich sind, bereit sind, offen über ihre Gefühle zu sprechen. Und es ist interessant, was man dabei alles erfahren kann und über sich selbst als Mann lernt. Mit jedem Seminar, das wir zusammen abgehalten haben, bin ich ein großes Stück weitergekommen im Wissen um uns Männer. Und einen noch viel größeren Schritt habe ich jedes Mal gemacht in meinem Verständnis um mich selbst als Mann.

2003 hat mich eine Frau gefragt, ob ich nicht bereit wäre, ihr und ihren Freundinnen etwas von meinem Wissen über Männer mitzuteilen. Nach kurzem Überlegen habe ich mich dazu bereit erklärt. Ein Vortrag zum Thema „Männer – was Frauen über sie wissen sollten" ist daraus entstanden. Dieses Buch ist eine Zusammenfassung, Ergänzung und Erläuterung der Inhalte meines Vortrages.

Wenn ich meinen Geschlechtsgenossen erzähle, was ich über uns Männer in all den Jahren meiner Beschäftigung mit diesem Thema herausgefunden habe, sind sie meistens betroffen. Denn sie erkennen, dass das, was ich ihnen erzähle, stimmt. Und nach dem Vortrag und Seminar kommen sie zu mir und sagen: „August, du sprichst genau das aus, was wir uns denken. Nur hätten wir selbst es nie so auf den Punkt bringen können."

Mit dem vorliegenden Buch möchte ich weder einen Angriff auf die Männer und ihre Eigenheiten starten noch den Versuch machen, sie zu verteidigen. Ich möchte vielmehr Sie, die Frauen, darum bitten, uns Männern zu helfen. Denn wir haben Ihre Hilfe dringend nötig. Glauben Sie mir, ich weiß, wovon ich spreche. Aber um uns Männern helfen zu können, müssen Sie uns zunächst einmal verstehen. Und zu diesem Verständnis soll mein Buch beitragen. Es ist keine wissenschaftliche Abhandlung, sondern baut auf vielen Jahren persönlicher Erfahrung in der Beschäftigung mit Männern auf. Vor allem aber beruht es auf einer lebenslangen Erfahrung mit dem Mann, den ich am besten kenne: mir selbst.

Einleitung

Was erwartet Sie auf den nächsten Seiten? Nun, wie bereits gesagt: keine Doktorarbeit, ja nicht einmal eine populärwissenschaftliche Abhandlung zum Thema „Männer". Dennoch möchte ich Sie mit der einen oder anderen Zahl oder wissenschaftlich abgesicherten Erkenntnis überraschen. Hauptsächlich greife ich jedoch auf meine persönlichen Erfahrungen und Überlegungen zurück. Natürlich sind diese subjektiv. Das soll aber nicht den Eindruck erwecken, als wären sie meiner Fantasie entsprungen. Die unzähligen Gespräche, die ich in vielen Jahren mit Männern, aber auch mit Frauen geführt habe, haben nicht nur mein Verständnis für mich selbst gefördert. Sie haben mir auch einen tieferen Einblick in die Probleme verschafft, die Frauen mit uns Männern haben, und in die Gründe, aus denen sie entstehen.

Ich habe mir vorgenommen, diejenigen Menschen, die für uns Männer am wichtigsten sind, nämlich die Frauen, mit den Informationen zu versorgen, die mir am bedeutendsten erscheinen. Vollständigkeit im Sinne eines umfassenden Ratgebers zu erreichen, scheint mir bei einem solch komplexen Thema unmöglich. Sie anzustreben wäre also schlichtweg vermessen. Weder kann noch will ich *das* Fachbuch über Männer schreiben.

Worüber werden Sie also auf den folgenden Seiten lesen können? Zu Beginn möchte ich eine Bestandsaufnahme abliefern: Wie ist die gegenwärtige Situation des Mannes? Wie steht er gleichsam da, wenn man einen kritischen Blick auf ihn wirft?

Wie hat sich die Männerrolle in den letzten Jahren gewandelt? Hier handelt es sich um ein Thema von großer Bedeutung. Denn die gesellschaftliche Entwicklung hat das Verhältnis von Männern zu Frauen stark verändert. Neue Anforderungen sind daraus erwachsen. Wie stellt sich der Mann diesen neuen Herausforderungen?

Eine nicht unwesentliche Frage ist die nach der Entwicklung des Mannes. Ihre Beantwortung scheint mir äußerst wichtig zum Verständnis von Männern: Wie wird ein Mann eigentlich zum Mann? Welche Stadien muss er durchlaufen, um zu dem Punkt zu gelangen, an dem er „seinen Mann stehen" kann?

Männer begegnen Frauen in unterschiedlichen Zusammenhängen: in der Familie als Väter, Brüder und Söhne, im Beruf als Vorgesetzte, Kollegen und Untergebene. Wie funktionieren diese unterschiedlichen Verhältnisse in der Praxis und worin liegen ihre Chancen und Gefahren?

Im Kapitel „Männer und Frauen" geht es zum ersten Mal ans „Eingemachte": Welche Unterschiede gibt es zwischen Männern und Frauen? Welche Gemeinsamkeiten? Wie kann man die Unterschiede ertragen und wie die Gemeinsamkeiten genießen?

Wie viele Filme wurden über sie schon gedreht, wie viele Bücher über sie geschrieben: Die Rede ist von der Schwiegermutter. Sie ist die einzige Frau, die Ihnen auch dann noch gefährlich werden kann, wenn Sie alle Konkurrentinnen erfolgreich aus dem Feld geschlagen haben. Was hat es mit diesem Angstthema wirklich auf sich und wie begegnen Sie ihm erfolgreich?

Im Kapitel „Wünsche von Frauen und Männern" erzähle ich Ihnen ein wenig darüber, was Frau und Mann eigentlich voneinander wollen. Wir alle wünschen uns etwas, leider nicht immer dasselbe. Und zu oft äußern wir unsere Wünsche in einer Form, die es dem Gegenüber verunmöglicht oder erschwert, sie zu erfüllen.

Wenn Männer und Frauen zusammenleben, geben beide einander sehr viel und nehmen auch wieder voneinander. Ob es uns gefällt oder nicht: Menschen beiderlei Geschlechts rechnen beim Geben und Nehmen mit, wenn auch nur unbewusst, lassen also gleichsam das Taxameter mitlaufen. Ist das eigene Beziehungskonto im „Soll" oder im „Haben"? Wie kommt es dazu, wo doch beide – aus ihrer Sicht – unendlich viel für den anderen geleistet haben?

Selbst wenn uns die (klischeehafte) Vorstellung vom „harten Mann" glauben machen will, er sei unbesiegbar: Das Gegenteil ist der Fall. Männer sind durchaus verletzlich. Aber wodurch können sie verletzt werden? Wie verhalten sie sich dann? Und wie gehen Frauen am besten mit dem „verletzten Mann" um. Es wird Zeit, die raue Schale zu knacken und einen Blick auf den weichen Kern zu werfen.

Ob Sie es glauben oder nicht: Auch Männer sind auf der Suche nach der „Richtigen". Wie sie sich dabei verhalten und was für sie dabei wichtig ist, auch darüber möchte ich Ihnen etwas erzählen. Außerdem sollen Sie erfahren, welche verschiedenen Arten von Beziehungen Männer mit Frauen eingehen.

Dass Männer nicht zimperlich sind, sollten Sie, liebe Leserinnen, niemals außer Acht lassen. Denn trotz ihrer eigenen Verletzlichkeit können Männer ganz schön rücksichtslos sein, wenn sie etwas oder besser jemanden wollen. Wenn Männer auf die Jagd nach Frauen gehen, sollten Sie daher gewappnet sein. Wenn Sie im Vorhinein wissen, woran Sie sind, werden Sie vielleicht staunen. Aber es wird Sie nichts mehr überraschen.

Das Thema „Sex" ist so bedeutsam, dass es in einem Buch über Männer natürlich nicht fehlen darf. Was wollen Männer wirklich, wenn es „zur Sache" geht? Und wodurch fühlen sie sich überfordert?

Wir Männer sind auch nur Menschen. Und als solche sind wir natürlich schwach. Wir haben unsere Sehnsüchte und Leidenschaften. Und nicht selten wachsen sich diese zu wahren Süchten aus. Dann werden wir zu Sklaven unserer Leidenschaften und verhalten uns wie hilflose Kinder. Ich möchte einen kurzen Blick auf die drei Sehnsüchte des Mannes in Bezug auf Frauen werfen: Geborgenheit, Romanzen und Sex.

Nicht immer sind Frauen einverstanden damit, wie „ihre" Männer sind. Kein Wunder! Das dürfte sich umgekehrt wohl kaum anders verhalten. Dennoch müssen wir uns damit auseinander setzen, ob Frauen Männer ändern können und – falls ja – ob sie das auch tun sollten.

Ich habe Sie lang genug auf die Folter gespannt. Jetzt aber geht es los. Werfen wir gemeinsam einen kritischen Blick auf den Mann und auf seine gegenwärtige Situation.

Die Realität des Mannes

Männer und Frauen sind sehr verschieden. Damit meine ich hier aber nicht die anatomischen Unterschiede, sondern diejenigen, die auf verschiedenen Einstellungen und Lebensweisen beruhen. Wirft man einen Blick in die Gesundheitsstatistiken der westlichen Welt, wird klar, wovon ich spreche. Aus diesen Daten geht nämlich hervor, dass die „Herren der Schöpfung" wesentlich schlechter abschneiden als die Frauen.

Allein ein Blick auf die derzeitige durchschnittliche Lebenserwartung in Westeuropa muss die Männer mit einem gewissen Unbehagen erfüllen. Denn „er" lebt im Mittel um fünf bis sechs Jahre weniger lang als „sie".

Auch bei den Krebserkrankungen und bei den durch Krebs verursachten Todesfällen schneiden Männer schlechter ab als Frauen.

Nun sollte man daraus natürlich keine voreiligen Schlüsse ziehen. Denn für die unterschiedlichen medizinischen Werte von Männern und Frauen kann es viele Gründe geben. Und die rein biologischen Unterschiede könnten einer davon sein.

Viel mehr zu denken geben sollten uns da schon die Zahlen in Bezug auf die tödlichen Unfälle: Männer kommen nämlich fast doppelt so häufig durch Unfälle ums Leben wie Frauen.

Auch bei der Selbstmordstatistik treten die Unterschiede krass zutage. Dreimal so viele Männer wie

Frauen scheiden im westeuropäischen Durchschnitt freiwillig aus dem Leben.

Wenn man sich diese Zahlen ansieht, muss man sich fragen: Was ist eigentlich los mit uns Männern?

Sind in Wahrheit vielleicht gar nicht die Frauen das „schwache Geschlecht", als das sie oft bezeichnet werden, sondern wir, die Männer? Sind wir verletzlicher, schwächer als unsere Frauen und haben es nur noch nicht bemerkt? Und falls ja, war das schon immer so?

Männerrollen und ihr Wandel

Steve Biddulph, Autor des 1995 erstmals erschienenen Buches „Männer auf der Suche", sieht die Probleme, mit denen sich Männer herumschlagen, vor allem durch eines verursacht: ihre unterentwickelte Gefühlswelt beziehungsweise die erlernte Unfähigkeit, die eigenen Gefühle auszudrücken. Viel zu schnell und zu einseitig werden Männer von der Gesellschaft dazu gebracht zu „funktionieren". Das heißt, sie sollen dem Klischee des „echten Mannes" entsprechen: hart im Nehmen, durchsetzungsstark, erfolgreich, ohne jemals Schwächen zu zeigen. Dass bei dieser Form der „Mannwerdung" etwas kaputtgehen muss, liegt für Biddulph auf der Hand. Die Männer, die immer nur cool und unbesiegbar sein dürfen, kommen ins Trudeln, wenn sie einmal von ihren Gefühlen übermannt werden.

Biddulph diagnostiziert einen „Vaterhunger" und sieht die Probleme von Männern als Auswirkung dieses ungestillt gebliebenen Hungers. Nach seiner Ansicht nahm die Misere ihren Anfang vor rund 200 Jahren. Damals hatte die industrielle Revolution in der westlichen Welt ein großes Verbrechen an den Männern begangen. Und die Auswirkungen dieses Verbrechens betrafen und betreffen die ganze Gesellschaft. Im Gegensatz zu Karl Marx, der die wirtschaftliche und soziale Situation der Menschen dieser Zeit analysiert und kritisiert hat, streicht Biddulph die negativen psychischen Folgen für die Söhne der arbeitenden Männer heraus. Sie wuchsen gleichsam ohne Väter auf. Die Erziehungsarbeit war ganz den Frauen überantwortet. Dabei wäre es doch so wichtig, dass junge Männer auch von älteren Geschlechtsgenossen erzogen werden. Denn diese sollten ihnen als Vorbilder dienen und sie so behutsam ins Mann-Sein einführen.

Unsere heute noch lebende Eltern- und Großelterngeneration sind Erben dieser Entwicklung. Sie hat den Mann stets in seiner „Männlichkeit" überbetont. Das „Männliche" am Mann war das Einzige, was ihn ausmachte, sein Wesen sozusagen. Die rein physische Überlegenheit des Mannes war lange Zeit indirekt die Legitimation für die rechtliche und damit auch gesellschaftliche Benachteiligung von Frauen. Interessanterweise waren und sind nicht alle Männer zu allen Zeiten mit der ihnen zugedachten Rolle einverstanden oder glücklich. Aber: Sie war ihnen von der Gesellschaft vorgegeben. Und es war schon immer schwer, sich dagegen aufzulehnen.

Seien wir einmal ehrlich: Die rechtliche Gleichstellung zwischen Mann und Frau in unserem Kulturkreis existiert zwar, zumindest theoretisch per Gesetz, und das ist gut so. Auch wenn die Praxis noch ein schönes

Stück hinterherhumpelt. Ich wage sogar die Behauptung aufzustellen, dass Frauen in typischen Männerberufen beziehungsweise Männerrollen zwar von einigen unverbesserlichen Männern schief angesehen, im Großen und Ganzen aber akzeptiert werden. Umgekehrt sind wir aber noch lang nicht so weit. Männer, die sich nicht in die „übliche" Rolle des Machos, des knallharten Machers im Berufsleben, des coolen Typen unter seinesgleichen in Sport und Freizeit finden können oder wollen, werden von ihren Freunden und Kollegen als „Weicheier" angesehen. Und hinter vorgehaltener Hand bezeichnen die anderen Männer sie vielleicht sogar als „Schwuchteln".

Frauen haben – ich muss das trotz aller nach wie vor existierenden Benachteiligungen aussprechen – mehr Wahlmöglichkeiten in dieser Beziehung. Sie können sich ihre Emotionalität, ihre „Weiblichkeit" problemlos leisten. Sie sind ja schließlich Frauen. Wenn sie hart sind und zugleich kompetent und ehrgeizig, dann werden sie auch als Vorgesetzte und Führungspersonen respektiert – auch von Männern. Frauen können, sie müssen aber nicht emotional sein. Auf der anderen Seite dürfen sie auch Schwächen zeigen. Sie sind aber nicht mehr darauf festgelegt, das „schwache Geschlecht" sein oder spielen zu müssen. (Obwohl gerade das Spiel mit dem Klischee des „schwachen Geschlechts" von vielen Frauen zu ihren eigenen Gunsten eingesetzt werden kann.)

Bei Männern ist das leider noch immer ganz anders. Sie müssen hart sein, sie dürfen sich keinerlei Schwächen leisten und ihre Gefühle nicht zeigen. Wer als Mann in unserer Gesellschaft seine weibliche Seite zum Vorschein kommen lässt, hat noch immer keine guten Karten.

Ist unsere Welt also eine männliche Welt?
Ich bin mir nicht sicher, was das überhaupt bedeuten soll: eine „männliche Welt". Besagt es, dass Männer an der Macht sind? Dann stimmt das wohl über weite Strecken. Soll es aber heißen, dass die dem männlichen Wesen entsprechende Art zu agieren, zu kommunizieren, zu arbeiten und Geschäfte zu tätigen, diejenige ist, welche die Gesellschaft bestimmt, dann bin ich skeptisch. Und zwar nicht deshalb, weil es nicht so wäre, dass Männer in einer ganz bestimmten Art und Weise die Welt formen. Nein, die Frage ist eine ganz andere und lautet vielmehr: Ist dies wirklich die natürliche Art des Mannes? Entspricht sie seinem Wesen? Könnte es nicht vielleicht sein, dass die Erwartungshaltung an Männer, wie ich sie vorher skizziert habe, die Art bestimmt, wie sie sich „geben", wie sie als Männer handeln?

Aber ist unsere Welt dann wirklich eine männliche Welt?
Vielleicht wäre sie ganz anders, als sie tatsächlich ist, wenn Männer nicht mehr so denken, nicht mehr so reden, nicht mehr so handeln würden, wie sie glauben, es tun zu müssen, um akzeptiert zu werden. Vielleicht wäre die Welt eine bessere, wenn die Männer ehrlicher zu sich selbst und zueinander wären.

Früher waren die Aufgaben zwischen Mann und Frau in unserer Gesellschaft klar verteilt: Männer standen ihren Mann im Beruf, kamen abends nach Hause und ließen sich von ihren Frauen verwöhnen. Letztere schienen schon sehnsüchtig darauf zu warten, da sie ja untertags „nur" auf die Kinder aufzupassen, das Haus zu hüten und ein wenig Staub zu saugen hatten. (Dass diese Tätigkeiten in Wahrheit viel mehr als nur ein Hobby sind, nämlich beinharte Knochenarbeit, dürfte sich mittlerweile auch unter Männern herumgesprochen haben.)

Viele Männer haben von ihren Vätern nicht gelernt, wie man als Mann, als Vater, mit den eigenen Kindern richtig umgeht.

Heute sind die Männer weit über ihre klassische Aufgabe als Familienernährer hinaus gefordert. Sie sollen sich auch als einfühlsame Erzieher ihrer Kinder beweisen. Damit sehen sich aber viele Männer vor unüberwindliche Schwierigkeiten gestellt. Sie selbst wurden noch mehrheitlich von ihren Müttern erzogen. Positive Emotionalität haben sie hauptsächlich vom weiblichen Elternteil erfahren. Sie wissen daher nicht, was von ihnen erwartet wird. Sie haben es schlichtweg nicht gelernt, wie man als Mann, als Vater, mit den eigenen Kindern richtig umgeht. Denn ihre Väter haben das auch (noch) nicht gekonnt.

Das Maximum an „Erziehungsarbeit", das die am Abend von der Arbeit nach Hause kommenden Väter früherer Generationen zustande brachten, war die Maßregelung oder gar Züchtigung widerspenstiger Kinder. Die Mutter, die mit ihrem Latein am Ende war, übergab das Kind dem Vater. Und der gab ihm eine Tracht Prügel. Eine „Leistung", welche Väter ihren Kindern emotional wahrscheinlich kaum näher brachte –

und falls doch, dann zumindest nicht in positiver Weise.

Jetzt habe ich natürlich ein wenig übertrieben. Das darf bestimmt nicht verallgemeinert werden. Aber gewiss waren die Männer, die am Abend von der Arbeit nach Hause kamen, meistens todmüde. Eine liebevolle, einfühlsame Erziehung haben sie selbst durch ihre Väter nie am eigenen Leib erfahren. Daher waren sie mit der Situation vollkommen überfordert.

Keiner hätte es gewagt, unseren Vätern und Großvätern ein schlechtes Gewissen einzureden, als sie ihre „Erziehungsarbeit" auf diese Weise erledigten. So leicht kommt Mann heute aber nicht mehr davon. Und ich finde es gut, dass das so ist. Die Gesellschaft ächtet Männer, die sich vor ihrer Verantwortung in Erziehungsfragen drücken, immer stärker. Es genügt nicht mehr, bloß das Geld nach Hause zu bringen. Das müssen auch viele Frauen tun. Wer zahlt, schafft an, mag in der Wirtschaft zutreffen. In Familiendingen und insbesondere bei der gemeinsam für Kinder übernommenen Verantwortung kann und darf es nicht gelten.

Entwicklungspsychologen und Pädagogen zeigen uns durch die Ergebnisse ihrer Forschung, wie wichtig die Erziehung durch beide Elternteile ist. Natürlich fällt es Männern, die nie den richtigen Umgang mit ihren eigenen Gefühlen gelernt haben, schwer, mit den Gefühlen anderer Menschen umzugehen. Wenn es sich dabei noch dazu um ihre eigenen Kinder, insbesondere um ihre Söhne, handelt, umso mehr.

Die Welt verändert sich und die Rolle der Männer mit ihr. Anstatt aus Feigheit zu mauern, sollten wir Männer uns darum kümmern, unser Selbstverständnis zu überarbeiten und unsere Verantwortung in dieser Gesellschaft zu übernehmen. Das beginnt in den eigenen vier Wänden, im Umgang mit unserer eigenen Familie. Für diejenigen unter uns, die an „Vaterhunger" leiden, ist es bestimmt schwieriger als für jene, die ihre Väter bei der eigenen Mannwerdung emotional zur Seite hatten.

Apropos Mannwerdung:

Wie wird ein Mann zum Mann?

Als Kinder sind Männer natürlich genauso hilfsbedürftig wie ihre weiblichen Geschwister. Denn selbst wenn sie von Anfang an – biologisch betrachtet – dem männlichen Geschlecht angehören: Ihren Weg zum erwachsenen Mann müssen sie erst finden. Dieser Weg ist kein einfacher. Er birgt viele Gefahren. Die Art, wie ein Mann ihn geht, drückt sich in seinem Verhältnis zu sich selbst und zu den anderen Menschen aus.

Kind sein

Als Kind ist der Mann meist wohlbehütet. Seine Eltern tragen die Verantwortung für ihn. Er braucht sich um nichts zu kümmern und lebt ein sorgenfreies Leben. Für den Vater besteht die größte Herausforderung in dieser Phase darin, seinen Sohn zunächst einmal bloß als Kind zu sehen und noch nicht als Vertreter des eigenen Geschlechts. Er muss ihm also die gleiche Zärtlichkeit und erwartungsfreie Liebe entgegenbringen wie einer Tochter. Viele Männer tun sich schwer damit, weil sie selbst nie solche Gefühle von ihren Vätern erfahren haben. Bereits in dieser Phase kann daher einiges schief gehen.

Wir Männer leiden an den abwesenden Vätern.

Es ist nämlich äußerst wichtig für die Entwicklung des Sohnes, dass er seinen Vater nicht nur als physisch anwesend, sondern als präsent erlebt. Der Vater sollte sich aktiv an der Pflege und Versorgung seines Kindes beteiligen. Dadurch stellt er auf der emotionalen Ebene ein Naheverhältnis zu seinem Sohn her. Aus dieser Nähe erwächst das Vertrauen, welches die notwendige Grundlage für eine solide Beziehung zwischen Vater und Sohn garantiert. Sie ist die Voraussetzung dafür, dass der Sohn später all das annimmt, was der Vater ihm beibringt. Ein Vater, der eine enge emotionale Bindung zu seinem Sohn entwickelt hat, wird ihm außerdem mit viel mehr Geduld und Liebe begegnen, auch in den schwierigen Phasen, die noch kommen werden. Und auch der Sohn wird mit der Kritik des Vaters besser umgehen können. Denn er weiß: Mein Vater ist zwar streng zu mir, aber er liebt mich trotzdem. Und er wird immer zu mir stehen.

Erwachsen werden

Ein wichtiger Streckenabschnitt auf dem Weg zum Erwachsenen ist die Jugend. In dieser Phase erfährt der junge Mann zum ersten Mal seine Sexualität. Sie klopft ziemlich laut an seine Tür. Mädchen nimmt er nun nicht mehr bloß als Spielkameradinnen wahr. Sie bekommen auf einmal eine ganz eigene Anziehungskraft.

Das ist eine Phase, in welcher der gleichgeschlechtliche Elternteil in seiner Erziehungsleistung für den Heranwachsenden sehr wichtig und besonders gefordert ist. Der Vater soll dem jungen Mann dabei helfen, seine Identität zu finden. Dies geschieht am besten dadurch, dass er seinem Sohn vorlebt, was es bedeutet, ein Mann zu sein. Leider können viele Männer die verantwortungsvolle Aufgabe, in dieser Entwicklungsphase präsent zu sein, nicht oder nur unzureichend wahrnehmen. Das liegt oft daran, dass sie berufsbedingt selten zu Hause sind. Aber oft ist der Grund auch darin zu suchen, dass sie es nicht gelernt haben, offen über (ihre) Gefühle zu sprechen. Daher haben sie ein Problem, mit ihren Söhnen erfolgreich zu kommunizieren und eine vertrauensvolle Beziehung zu ihnen aufzubauen.

Wenn die Mutter in Abwesenheit des Vaters vor dem Sohn über ihren Mann schimpft, treibt sie einen Keil zwischen Vater und Sohn.

Meine Erfahrung mit dem Thema „Männer" hat mir gezeigt, dass etwa 30 Prozent der Söhne überhaupt keine Beziehung zu ihren Vätern haben. 30 Prozent haben zwar eine – jedoch sehr konfliktreiche – Beziehung zum männlichen Elternteil. Als einigermaßen funktionierend lässt sich das Verhältnis zwischen weiteren 30 Prozent der Söhne und ihren Vätern beschreiben. Und nur für die restlichen 10 Prozent gilt, dass sie eine gute Beziehung zu ihren Vätern haben.

Leider ist das schlechte Verhältnis, das viele Söhne zu ihren Vätern haben, oft durch das falsche Verhalten der Mutter verursacht. Wenn sie nämlich in Abwesenheit des Vaters vor dem Sohn über ihren Mann schimpft, treibt sie einen Keil zwischen Vater und Sohn. Denn sie sagt damit unbewusst zu ihrem Kind: „Werde ein besserer Mann als dein Vater. Werde besser oder werde zumindest nicht so wie dein Vater." Beim Sohn kommt die Botschaft aber folgendermaßen an: „Dein Vater ist schlecht." Damit lehnt er seinen Vater unbewusst ab. Das geht manchmal so weit, dass sich junge Männer einen Vollbart wachsen lassen, damit die eigene Mutter nicht sieht, dass sie ihrem Vater ähnlich sehen.

Woran merken Sie, dass Sie den Vater Ihrer Kinder als Mann ausreichend würdigen? Hier ein kleiner Test: Überlegen Sie kurz, wie Sie sich in der folgenden Situation verhalten würden: Ihr Mann kommt nach Hause. Könnten Sie sich vorstellen, dass Sie zu Ihren Kindern sagen: „Der Papa kommt gerade nach Hause. Lauft ihm doch entgegen!"

Auf einem Seminar mit jungen Bauernburschen zum Thema „Mann sein" habe ich die Teilnehmer gebeten, die Rolle ihrer Väter einzunehmen. Jeder der Männer sollte einmal den eigenen Vater spielen. Als „Vater" sollte er den vor sich sitzenden „Sohn" aus seiner Sicht beschreiben. Er sollte also aus der Perspektive des eigenen Vaters etwas über sich selbst erzählen. Der erste Mann stand auf, ging zu seinem „Sohn" und sagte: „Ich bin Josef, der Vater, und da auf dem Stuhl sitzt der Georg, das ist mein Sohn." Stille. Er sagte nichts mehr. Eine Minute verging, zwei Minuten, er sagte kein Wort. Plötzlich aber machte er den Mund wieder auf und sagte: „Junge, trink nicht so viel!" Dann setzte er sich wieder nieder. Ich habe mir zunächst gedacht: Das ist bloß ein Ausreißer, so etwas kann passieren.

Aber dann stand der zweite Bursch auf, stellte sich hinter den Sessel seines „Sohnes" und sagte: „Ich bin der Franz und das ist mein Sohn, der Rudi." Wieder Schweigen. Ein paar Minuten lang. Auf einmal sagte er: „Und wenn du schon so viel trinkst, dann steh wenigstens in der Früh auf und lass dir nichts anmerken!"

Wenn der Sohn sich von der Mutter löst, hinterlässt das ein Loch im Herzen, und zwar sowohl bei der Mutter als auch beim Sohn.

Spätestens jetzt war die Sache nicht mehr lustig. Denn einige der jungen Männer haben an diesem Tag erkannt, dass ihre Väter, obwohl sie Tag für Tag mit ihnen zusammenarbeiten, überhaupt nichts von ihnen wissen. Obwohl sie physisch anwesend sind, sind sie nicht präsent. Sie haben überhaupt keinen Zugang zu ihren eigenen Söhnen. Sie wissen weder, wovor ihre Söhne sich fürchten, noch worüber sie sich freuen. Sie haben keine Vorstellung davon, was im Kopf und im Herzen ihrer Söhne vorgeht. Das war eine ziemlich traurige Erkenntnis. Viele Mütter sehen diese Situation klar, sind aber hilflos, etwas dagegen zu tun. Sie werden nicht verstanden, wenn sie darüber mit ihren Männern sprechen.

Der Mentor ist so etwas wie ein väterlicher Freund, ein Ratgeber und Begleiter auf dem Weg ins männliche Erwachsensein.

Aber warum ist es so wichtig, dass der Sohn in seiner Pubertät und Jugendzeit den Vater als präsent erlebt? In dieser Zeit nabelt sich der junge Mann von seiner Mutter ab oder besser: Er sollte es tun. Denn einigen jungen Männern gelingt das ja ganz und gar nicht. Um sich aber erfolgreich emotional von der Mutter zu lösen, benötigt der junge Mann seinen Vater, zumindest aber einen männlichen Begleiter. Dieser übernimmt die Aufgabe, den jungen Mann in die Welt der Erwachsenen, in das Leben eines Mannes einzuführen. Wenn der Sohn sich von der Mutter löst, hinterlässt das ein Loch im Herzen, und zwar sowohl bei der Mutter als auch beim Sohn. Dieses Loch sollte der Vater stopfen. Auf der einen Seite muss er sich jetzt noch mehr um seine Frau kümmern und ihr ein liebevoller Partner sein, damit sie den Verlust des Sohnes erträgt. Auf der anderen Seite muss der Vater aber zugleich für seinen Sohn die wichtigste Bezugsperson werden, um den emotionalen „Verlust" der Mutter wettzumachen.

Bevor der griechische Sagenheld Odysseus zur Fahrt nach Troja aufbrach, nahm er seinen alten Freund Mentor zur Seite. Er bat ihn, auf seinen Sohn Telemachos aufzupassen, solange er, Odysseus, weg sei. Aus dieser Gestalt der antiken Legende leitet sich der

Begriff „Mentor" ab. Wenn ein Vater schon nicht die Zeit oder die Fähigkeiten hat, seinen Sohn beim Erwachsenwerden zu begleiten, sollte er wenigstens dafür sorgen, dass dieser einen Mentor hat. Der Mentor ist so etwas wie ein väterlicher Freund, ein Ratgeber und Begleiter auf dem Weg ins männliche Erwachsensein. Das kann (und wird oft) ein Onkel sein. Aber auch ein Lehrer oder ein Trainer, zum Beispiel der Fußballtrainer, kann diese Rolle übernehmen. Wobei sich junge Männer oft unbewusst einen oder mehrere solcher Mentoren „suchen". Während Mädchen üblicherweise von ihren Müttern lernen, wie sie mit Männern am besten „umgehen", lernen nur wenige Burschen von ihren Vätern den richtigen Umgang mit Frauen. Umso wichtiger ist die Rolle des Mentors.

Die Gefahr ist groß, dass sich der Vater zu sehr als Freund des Sohnes verhält.

Auch Männergruppen sind in diesem Abschnitt der Mannwerdung von großer Bedeutung. Das kann genauso eine „Bande" sein wie ein Sportverein, wo die Burschen ganz „unter sich" sind. Damit sich Männer über ihre Gefühle austauschen können, brauchen sie diese Gruppen, zu denen Frauen keinen Zutritt haben. Das ist im Übrigen auch der Grund dafür, warum ich Seminare für Männer nach Möglichkeit an Orten abhalte, die für Frauen „tabu" sind, also zum Beispiel in einem Männerkloster. Die Dynamik in einer Männergruppe ändert sich meist, wenn eine Frau auftaucht.

Die Jugendphase des Sohnes birgt für den Vater eine Vielzahl an möglichen Fallstricken. Denn er ist Vorbild und Freund zugleich. Die Gefahr ist groß, dass sich der Vater in dieser Situation zu sehr als Freund des Sohnes verhält. Wenn das passiert, verschwimmen die Grenzen zwischen Sohn und Vater, und Letzterer projiziert die eigenen Probleme auf sein Kind. Dabei übersieht er, dass es für den Sohn in dieser Phase seiner Entwicklung zwar wichtig ist, männliche Freunde zu haben, die sucht er sich jedoch meistens unter Gleichaltrigen. Gerne lässt er sich von seinen Eltern beraten. Darüber hinaus ist es für ihn aber notwendig, eine gewisse Unabhängigkeit von den eigenen Eltern zu erreichen. Dazu ist es nötig, dass der Vater vom Sohn auch als Autoritätsperson wahrgenommen wird und nicht als sein bester Freund. Denn nur dadurch kann er seine eigene Identität finden. Dabei ist es durchaus normal, dass die beiden unterschiedliche Meinungen haben. Es ist sogar gut, dass das so ist. Denn dieses Aufeinanderprallen von Perspektiven ermöglicht es dem Sohn erst, sich zu emanzipieren, indem er seine eigene Meinung entwickelt. Er muss sich deshalb von seinem Vater unterscheiden. Diese Zeit, die oft eine Zeit der Auflehnung ist, ist ganz wichtig. Sie dient über die Entwicklung einer eigenen und eigenständigen Meinung nämlich auch der Selbstfindung. Und das ist gut, auch wenn es dabei Wut, Schweiß und Tränen bei allen Beteiligten geben kann.

Auch für die Mutter wartet in dieser Phase im Leben ihres Kindes manche Gefahr bei der Erziehung. Oft sagen Mütter zu ihren heranwachsenden oder schon herangewachsenen Söhnen: „Du wirst immer mein

Sohn sein" und meinen damit eigentlich: „Du wirst immer mein Kind sein." Das bedeutet, dass sie ihren Sohn auch noch im hohen Alter als beschützenswertes, beinahe hilfloses Kind ansehen. Das ist vollkommen irrational, entspricht aber der emotionalen Bindung zwischen Mutter und Kind. Dennoch: Gerade in der Jugendphase ihres Sohnes muss die Mutter ihn loslassen, damit er sich emanzipieren kann und später kein „Muttersöhnchen" wird.

Die meisten Männer werden frühestens mit 40 Jahren wirklich erwachsen.

Nach Jahren der Beschäftigung mit Männern kam mir die Einsicht, dass die meisten Männer frühestens mit 40 Jahren wirklich erwachsen werden. Erwachsen werden heißt, die Verantwortung für das eigene Leben zu übernehmen. Männer, die mit einer Frau zusammenleben, geben unbewusst 20 bis 30 Prozent der Verantwortung für ihr Leben an die Frau ab. Und diese übernimmt diese Verantwortung meist auch. Schon die alten Römer wussten das. Ein Mann unter 40 Jahren wurde „juvenus" (= „Jugendlicher") genannt, erst wenn er älter war, durfte man „vir" (= „Mann") zu ihm sagen.

Partner sein

Erst wenn der junge Mann erfolgreich die Verantwortung für sich selbst übernommen hat, ist er bereit für den nächsten Schritt: Es geht darum, Verantwortung für einen anderen erwachsenen Menschen zu übernehmen, für seine Partnerin.

Ein Mann erhebt gewisse Ansprüche an seine Mitmenschen, insbesondere an die Frau, mit der er „zusammen sein" will. Mit den gleichen Ansprüchen sieht er sich aber auch von seinem weiblichen Gegenüber konfrontiert. Die Frau, für die er sich interessiert, will von ihm den gleichen Respekt bekommen, den er sich von ihr erwartet. Das Zauberwort lautet „Partnerschaft". Nur wer eine reife, auf Eigenverantwortung beruhende Persönlichkeit entwickelt hat, ist in der Lage, eine erwachsene Beziehung zu einem anderen Menschen einzugehen.

Es ist nicht nur schön, sondern auch bereichernd für einen Menschen, in einer Zweierbeziehung zu leben. Denn das Gegenüber dient auch als Spiegel, in welchem man sich selbst „von außen" betrachten kann. Dieses Spiel aus Sehen und Gesehenwerden, aus Bewerten und Bewertetwerden ist wichtig für die Reifung der Persönlichkeit. Denn die beiden Partner zeigen sich gegenseitig ihre Fehler und helfen dadurch einander, sich weiterzuentwickeln.

Vater werden

Kinder stellen eine große Herausforderung dar. Sie verlangen Aufopferung und bedingungslose Liebe. Nur ein reifer Erwachsener ist in der Lage, die dafür nötige Kraft aufzubringen.

Für einen Mann stellt ein Kind in mehrerlei Hinsicht eine besondere Aufgabe dar: Einerseits muss er lernen zu akzeptieren, dass sich von dieser Stunde an ein dritter Spieler im Team befindet. Dieser neue Mensch im Haus ist ziemlich egoistisch. Und er muss es sein, um zu überleben. So fordert er zum Beispiel die ganze Aufmerksamkeit seiner Mutter. Sie ist nicht mehr im gleichen Maß für ihren Mann da, wie das noch vor der Geburt des Kindes der Fall war. Dadurch verändert sich die Beziehung zwischen Mann und Frau grundlegend. Vom Mann werden nun plötzlich Tugenden verlangt, die er bisher nicht unbedingt zu seinen Wesenseigenschaften zählte: Geduld, Rücksichtnahme und Verzicht. Er kann jetzt nicht mehr egoistisch die volle Aufmerksamkeit seiner Partnerin zu jeder Tages- und Nachtzeit fordern. Wenn das Kind schreit, ist das Kind an der Reihe. Das steht fest. Und wenn er spätnachts mit seinen Freunden über die Häuser zieht und beschließt, im eigenen einzufallen, um den Kühlschrank nach Bier und Snacks zu durchsuchen, wird er sich davor hüten müssen, dieses Ritual aus kinderlosen Zeiten wieder aufleben zu lassen.

Viele frischgebackene Väter wissen nicht, dass durch die Geburt eines Kindes automatisch der bisher geltende Beziehungsvertrag mit der Partnerin ungültig wird.

Andererseits übernimmt der Mann mit dem Eintritt in die Vaterrolle auch eine ganz besonders spannende neue Aufgabe: Er darf das eigene Kind auf all jenen Stufen seiner Entwicklung begleiten, die er selbst durchlaufen hat. Das ist eine schwierige, aber mit Sicherheit schöne und befriedigende Aufgabe. Dabei können dem Vater natürlich eine Menge Fehler passieren. Er kann dabei aber auch sehr viel lernen. Und wenn er sich redlich bemüht, wird er den eigenen Kindern etwas Gutes tun, das später einmal Auswirkungen auf die gesamte Gesellschaft haben wird: indem er nämlich in ihrer Erziehung nicht dieselben Fehler begeht, die sein eigener Vater seinerseits bei der Erziehung seines Sohnes begangen hat.

Männer bekommen bei der Geburt eines Kindes oft den so genannten Ernährerschock.

Viele frischgebackene Väter wissen nicht, dass durch die Geburt eines Kindes automatisch der bisher geltende Beziehungsvertrag ungültig wird. Die eigene Zeit wird zur Familienzeit und das eigene Einkommen zum Familieneinkommen. Die Frau wird zur Mutter – und das oft auch für den Mann. Viele Männer sagen dann: „Ich habe eine Frau geheiratet und jetzt habe ich eine Mutter." Verwandelt sich die Frau zur Mutter, so tritt die Inzesthemmung ein. Inzesthemmung bedeutet: Man hat keinen Sex mit dem Sohn beziehungsweise man hat keinen Sex mit seiner Mutter. Viele Männer bekommen bei der Geburt eines Kindes den so genannten Ernährerschock. Sie fühlen sich allein für die finanzielle Versorgung des Kindes und der Frau verantwortlich. Statt mit seinem Einkommen nur für sich sorgen zu müssen, muss der Vater das jetzt für drei Personen. Manche junge Väter fühlen sich dadurch überfordert.

Welche Männer kennt die Frau?

Wo treffen Frauen und Männer üblicherweise zusammen? Am Arbeitsplatz und im Privatleben. In beiden

Umfeldern begegnen der Frau Männer, die über ihr stehen, Männer auf gleicher Ebene und Männer, die ihr untergeordnet sind.

Im Privatleben sind das hauptsächlich der Vater, der Bruder und der Sohn. Im Beruf spiegelt sich diese Dreiteilung wider in Gestalt von Vorgesetztem, Kollegen und Untergebenem. Werfen wir zunächst jedoch einen Blick auf die Familie.

Männer in der Familie

Die Tochter kann ihren Vater als liebevollen Beschützer und als Fels in der Brandung wahrnehmen. Dann respektiert und bewundert sie ihn. Sie wird später, als erwachsene Frau, ein positives Männerbild haben und Beziehungen zum anderen Geschlecht vorurteilsfrei und ohne Angst eingehen.

Aber auch als zweifelnd, von Ängsten getrieben und ohne klare Konturen kann eine Tochter ihren Vater erfahren. Dadurch wird er für sie unangreifbar. Wie solch ein Vater das Männerbild seiner Tochter und damit ihr späteres Verhältnis zu ihren Partnern beeinflusst, ist schwer zu sagen. Denn bei diesem Vatertyp weiß sie nicht, woran sie ist. Hin und her gerissen zwischen Abscheu und Mitleid kann sie ihn weder als Vorbild für künftige Partner heranziehen noch als abschreckendes Beispiel.

Das Gegenteil des entspannten, liebenden Vaters ist der herrische, aggressive, nicht selten zu körperlicher Gewalt bereite Vater. Vor ihm fürchtet sich die Tochter. Zwar ist auch er in seinem Inneren ein ängstlicher und verletzlicher Mensch, im Gegensatz zum Zweifler kehrt er seine Angst jedoch nach außen und greift seine Umgebung an. Das Männerbild, das er seiner Tochter vermittelt, ist kein positives. Vielleicht kann sie nie Vertrauen zu einem Mann fassen.

Die Art, wie der Vater mit der Mutter umgeht, hat eine große Bedeutung für das Männerbild der Tochter.

Auch die Art, wie ihr Vater mit ihrer Mutter umgeht, hat eine große Bedeutung für das Männerbild seiner Tochter. Die Mutter ist nämlich die erste Frau und deshalb das wichtigste Rollenvorbild im Leben eines jungen Mädchens. Ist der Vater ein einfühlsamer Mann und fairer Partner, der Wert auf Gleichberechtigung in der Beziehung legt? Oder gebärdet er sich als Macho und „Herr im Haus", der sich von seiner Frau bedienen lässt? Wie handelt er in Konfliktsituationen? Liebevoll oder aggressiv? Und wie geht seine Frau damit um? Lässt sie sich das Verhalten ihres Mannes gefallen oder wehrt sie sich dagegen? Und wie tut sie das: mit Charme oder mit Gewalt? Auch die Art, wie die Mutter auf die Verhaltensweisen ihres Mannes reagiert, ist also wichtig für die weitere Entwicklung ihrer Tochter.

Die Gratwanderung in der Erziehung seiner Tochter besteht für den Vater darin, immer für sie da zu sein. Trotzdem sollte er ihr aber keinen Supervater vorspielen, den nichts erschüttern kann. Als solchen erlebt ein Kind den eigenen Vater jedoch, wenn er es nicht schafft, auch einmal Gefühle und Schwächen zu zeigen. Da wir Männer noch immer in dem Irrglauben leben, in jeder Situation stark sein zu müssen, fällt es uns besonders schwer, uns „Blößen" zu geben. Es ist sehr wichtig für uns Männer, dass Sie, liebe Frauen, uns deshalb dabei unterstützen. Wir wollen unseren Kindern ehrlich begegnen können, ohne uns verstellen zu müssen. Es fordert Mut, seine Schwächen und Niederlagen offen einzugestehen. Aber ein Sprichwort sagt: „Wer nicht lachend verliert, hat noch nie gewonnen." Und mit Ihrer Unterstützung werden wir es auch schaffen.

Welchen Umgang Vater und Mutter miteinander pflegen, entscheidet ebenfalls darüber, wie Bruder und Schwester sich zueinander verhalten. Wenn der Vater den bereits erwähnten Macho spielt und damit bei seiner Frau „durchkommt", ist die Gefahr groß, dass auch der Sohn sich gegenüber seiner Schwester so verhält. Durch einen gleichberechtigten Umgang zwischen Bruder und Schwester könnte das Mädchen hingegen ein entspanntes Verhältnis zu Männern entwickeln. Das klappt jedoch nur, wenn dieser Umgang von den Eltern gewünscht ist und auch gefördert wird.

Mehr noch als durch den Vater lernt die Tochter dabei durch das gemeinsame Aufwachsen mit ihrem Bruder – trotz aller geschlechtsspezifischen Unterschiede – „den Mann" Schritt für Schritt kennen. Sie erlebt, dass auch Männer Schmerz empfinden und weinen können. Sie erfährt, dass auch Jungs ihre Probleme haben. Mädchen, die (gleichberechtigt) mit Brüdern zusammen aufwachsen, haben es, das zeigen Forschungsergebnisse, im Allgemeinen leichter, später einmal normale Beziehungen mit Männern einzugehen.

Der dritte Mann im Privatleben von Frauen ist der Sohn. Als Mutter sind Sie ihm übergeordnet. Diese

Konstellation ist zwar mit großer Macht für Sie verbunden, zugleich aber auch mit einer besonderen Verantwortung. Und auch sie steckt voll von Gefahren, die solche Macht stets mit sich bringt. Diese Macht verantwortungsbewusst zum Besten Ihres Sohnes einzusetzen, ist eine große Herausforderung. Das Ergebnis Ihrer Bemühungen wird die Männer von morgen verändern und damit auch die Welt der künftigen Frauen.

Als Mutter haben Sie aufgrund der starken emotionalen Bindung zu Ihrem Sohn die Möglichkeit, positiv auf ihn einzuwirken. (Und ich muss gestehen, darum beneiden Sie viele Männer.) Im Normalfall reagieren Menschen nämlich besser auf Dinge, die ihnen durch Gefühl vermittelt werden, als auf solche, die sie über Verstand und Vernunftargumente lernen sollen. Ihr Kind hört also eher auf Sie als auf seinen Vater. Denn zu ihm hat es keine so starke Gefühlsbindung. Auf der anderen Seite sind Sie durch Ihre Gefühle aber auch leichter erpressbar. Wenn Ihr Sohn das einmal begriffen hat, wird er versuchen, Sie zu „dressieren". Er macht Sie zu seiner Dienerin, da er seine Liebe gegen Ihre Arbeitskraft und andere Leistungen ausspielt.

Unser Sohn zum Beispiel hat sich früher gerne von meiner Frau verwöhnen lassen. Bis wir eines Tages der Ansicht waren, es wäre schön langsam Zeit, dass er erwachsen wird. Und deshalb hat meine Frau ihm jedes Mal, wenn er etwas haben wollte, gesagt: „Du hast zwei Hände und zwei Füße. Wie wäre es, wenn du es dir selber holst?" Was hat unser Sohn gemacht? Er hat gewartet, bis meine Frau in die Küche gegangen ist, und ihr dann nachgerufen: „Mama, wo du gerade in der Küche bist, könntest du mir bitte einen Apfelsaft mitbringen!" Aber diese Spielchen kann und muss man durchschauen. Und dann stellt man sie am besten so schnell wie möglich ab.

Eine Mutter, die ihren Sohn allzu sehr verwöhnt, schädigt ihn.

Mütter neigen dazu, ihre Kinder zu verwöhnen. Jeder Mensch genießt es, sich bedienen zu lassen. Das ist ganz natürlich. Aber Sie tun Ihrem Sohn keinen Gefallen damit, wenn Sie ihn zu sehr verwöhnen. Denn Sie machen ihn dadurch zu einem unselbstständigen Erwachsenen. Er wird später eine Partnerin suchen, die ihn genauso verwöhnt, wie Sie das getan haben. Mit einer modernen, eigenständigen und auf Gleichberechtigung hin angelegten Frau (und es gibt – Gott sei Dank – immer mehr davon!) wird er seine liebe Not haben. Und sie mit ihm.

Ich kenne Männer, die noch im Alter von über 40 Jahren, wenn sie ein Wochenende zu Hause bei ihren Eltern verbringen, das Frühstücksbrot von ihrer „Mami" gestrichen bekommen. Wollen Sie Ihren Geschlechtsgenossinnen einen solchen Mann wirklich „antun"? Neben der Unselbstständigkeit, zu der Sie ihn „verziehen", bewirken Sie außerdem, dass er kein besonders starkes Selbstwertgefühl entwickelt. Wer sich nie anstrengen und behaupten muss, kann auch nie stolz auf die eigenen Leistungen sein und dadurch Selbstvertrauen entwickeln. Damit tun Sie Ihrem Sohn keinen Gefallen. Sie schaden ihm dadurch vielmehr.

Männer in der Arbeit

Eines steht fest: Ein guter Chef hat für seine Mitarbeiter etwas von einem guten Vater (oder eben von einer guten Mutter). Damit meine ich, dass er einen fürsorglichen Stil pflegt. Es ist ihm daran gelegen, auf die Probleme seiner Mitarbeiter einzugehen, um gemeinsam eine Lösung zu finden. Und auch das Arbeitsklima unter Kollegen auf gleicher Ebene verläuft entspannter, wenn ein Umgang wie unter Geschwistern herrscht. Ihre Mitarbeiter wiederum werden es zu schätzen wissen, wenn Sie für sie sorgen – wie eine liebevolle Mutter. Ihre Untergebenen wollen sich jederzeit vertrauensvoll an Sie wenden können. Bemuttert werden im vollen Sinne des Wortes möchten sie allerdings nicht. Denn dadurch müssten sie sich ja eingestehen, dass sie nicht eigenständig arbeiten und Verantwortung übernehmen können. Und das wäre schlecht für alle Beteiligten.

Viele Männer haben mit Frauen als Vorgesetzten noch immer ein ziemlich großes Problem.

So unsinnig es auch sein mag: Viele Männer haben mit Frauen als Vorgesetzten noch immer ein ziemlich großes Problem. Das liegt natürlich weder an der schlechteren Ausbildung noch an mangelnder Führungskompetenz der weiblichen Chefs. Denn in Wahrheit haben Frauen, aus bereits genannten Gründen, ganz andere Qualitäten als Männer. Sie gehen viel mehr auf die seelischen Befindlichkeiten ihres Gegenübers ein und haben Augen und Ohren für die feinen Zwischentöne, die im Umgang mit anderen Menschen eine große

Rolle spielen. Und sie beherrschen die zwischenmenschliche Kommunikation viel besser als ihre männlichen Kollegen. All das könnte vielleicht daran liegen, dass Frauen durch ihre natürliche Rolle als potenzielle Mütter ein viel feineres Wahrnehmungsvermögen besitzen. So können sie noch so kleine Anzeichen für Probleme im Verhalten ihrer Kinder feststellen und entsprechend rasch darauf reagieren.

Viele Männer sind es ganz einfach nicht gewohnt, eine Frau „über sich" zu haben. Denn noch immer sitzt meistens ihresgleichen hinter der dicken Bürotür des Chefs, Frauen bestenfalls davor: als Sekretärinnen. Das war schon immer so, und so soll es – geht es nach vielen Männern – auch bleiben. Ich persönlich hoffe jedoch und vertraue darauf, dass sich daran noch einiges ändern wird. Und das bezieht sich nicht nur auf die Realität, sondern auch auf die diesbezügliche Einstellung vieler Männer.

Frauen, das muss ich zugeben, können sich in vielen der von Männern dominierten Branchen nur dann einigermaßen behaupten, wenn sie gewisse Regeln einhalten. Damit meine ich nicht, dass sie mit ihren männlichen Kollegen im Stammlokal um die Ecke bis in die frühen Morgenstunden wilde Trinkorgien feiern müssen. Aber die Hochdeutsch sprechende, auf politisch korrekte Umgangsformen Wert legende Intellektuelle wird mit ihren Erwartungen und dem entsprechenden Verhalten in einer Baufirma bestimmt Schwierigkeiten haben. Kaum einer ihrer Mitarbeiter wird sie ernst nehmen. Wahrscheinlich auch deshalb, weil weniger Gebildete Angst vor gebildeten Menschen haben. Und diese Angst schlägt nicht selten in offene Aggression um, frei nach dem Motto: „Was ich nicht verstehe, macht mir Angst. Und was mir Angst macht, muss ich bekämpfen."

Motto vieler Männer: „Was ich nicht verstehe, macht mir Angst. Und was mir Angst macht, muss ich bekämpfen."

Genauso wie im Privaten kommt es auch beim Zwischenmenschlichen im Berufsleben auf die richtige Mischung an. Wer als Frau in einer Männerdomäne mit Sachkompetenz auftritt, kann zwar punkten, hat aber erst den halben Sieg in der Tasche. Um den berühmt-berüchtigten „männlichen" Humor, der viel herber ist als der von Frauen, kommen Sie im Reich der Männer nicht herum. Wenn Sie also auch noch möglichst viele der restlichen 50 Prozent Zustimmung Ihrer Mitarbeiter holen wollen, müssen Sie lernen, mit dem rauen Charme der Männer umzugehen.

Die Erfahrung zeigt nämlich: Die Chancen, durch eine gewisse Anpassung an den Umgangston der Männer annähernd gleich behandelt zu werden, stehen gut. Dass eine Frau es damit bis in den innersten Kreis der „Clique" schafft, ist damit allerdings noch nicht gesagt. Denn viele Männer wollen ganz einfach unter sich bleiben. Und natürlich gibt es auch Machtspiele zwischen Männern und Frauen im Beruf. Viele Männer haben tatsächlich Angst vor Frauen. Sie fürchten den größeren Ehrgeiz und Fleiß ihrer weiblichen Mitbewerber. Und sie fürchten deren Bevorzugung durch den männlichen Chef, da Frauen bei gleicher Kompetenz aufgrund ihres Geschlechts beziehungsweise ihres

Aussehens gewisse Vorteile genießen könnten. Chefs sind schließlich auch nur Männer.

Dass Männer in ihren abgesteckten Machtbereichen gerne unter sich bleiben, ist bekannt. Um dieses Ziel zu erreichen, sind sie durchaus bereit, Tricks anzuwenden. „Networking" heißt das schöne englische Wort, das eine weniger schöne Sache beschreibt: die altbewährten Seilschaften. Männer verbünden sich gerne miteinander und sorgen mit vereinten Kräften dafür, dass Konkurrenten nur ja nicht zu mächtig und damit zur ernsthaften Bedrohung für die eigene Position und Karriere werden.

Eine schwierige Frage lautet daher: Sollen Frauen, die sich beruflich durchsetzen wollen, so agieren wie Männer? Sollen sie sich zusammenrotten, um die Macht zu übernehmen? Sollen Sie aggressiv und kaltschnäuzig vorgehen, die Techniken der Männer nachahmen, mit denen diese ihre Machtpositionen überhaupt erst erreicht haben und krampfhaft zu halten versuchen?

Sollen Frauen, die sich beruflich durchsetzen wollen, so agieren wie Männer?

Ich glaube, sie sollten das nicht tun. Denn je mehr Zeit vergeht und je länger wir uns bemühen, uns weiterzuentwickeln, umso näher kommt unsere Gesellschaft einem für alle Beteiligten sinnvollen Idealzustand. Und dieser Zustand, welcher der produktivste und dabei zugleich menschenfreundlichste sein wird, ist mit Sicherheit eher ein „weiblicher". Damit meine ich, dass er durch diejenigen Tugenden beschrieben wird, die man (derzeit) als weibliche bezeichnet: gegenseitiges Verständnis, Einfühlungsvermögen, Offenheit, Gesprächsbereitschaft.

Wie wir gesehen haben, erfordert der richtige Umgang mit Vorgesetzten, Kollegen und Untergebenen von Frauen eine Menge Fingerspitzengefühl. Er verlangt aber auch von den Männern Einfühlungsvermögen und Engagement. Den richtigen Umgang mit Frauen haben sie – hoffentlich – in ihrer eigenen Familie mit Mutter, Schwester und Tochter erlernt. Und dabei haben sie bestimmt auch die wichtigsten Unterschiede und Gemeinsamkeiten von Männern und Frauen kennen gelernt.

Männer und Frauen

Die Männer und ihre ersten Frauen

Was für einen Zugang haben Männer eigentlich zu den Frauen, mit denen sie zu tun haben? Wie begegnen sie ihrer Mutter, ihren Schwestern und ihren Töchtern? Nun, das hängt natürlich sehr stark davon ab, welche Erziehung sie genießen oder genossen haben. Ich habe vorhin schon erwähnt, dass das Bild, das Männer von ihrer Mutter haben, nicht zuletzt vom Umgang zwischen Vater und Mutter geprägt wird. Ist der Vater ein auf Gleichberechtigung und Fairness Wert legender Mann, der seine Frau nicht wie ein Pascha behandelt, dann stehen die Chancen gut, dass die Persönlichkeit seines Sohnes eine positive Entwicklung nimmt. Natürlich muss nicht aus jedem Sohn eines Machovaters selbst wieder ein Macho werden. Der Umgang des Sohnes mit seiner Mutter, mit seiner Schwester und später einmal mit der eigenen Tochter hängt auch davon ab, wie seine Mutter sich dem Vater gegenüber verhält.

Die Mutter ist für den Sohn zu Beginn seines Lebens die wichtigere Bezugsperson. Wie schon erwähnt bietet sie das, was er am dringendsten braucht: Nahrung und Geborgenheit, und das noch dazu im Doppelpack. Sie stillt ihn an ihrer Brust, hält ihn dabei fest und gibt ihm neben der Nahrung gleichzeitig das Gefühl maximaler Sicherheit. Ihre Liebe zu ihm ist sehr stark emotional eingefärbt. Sie ist nicht vernünftig, da sie nicht darüber nachdenkt, dass ihr Kind ihr als Gegenleistung etwas dafür geben muss. In gewisser Hinsicht ist die Mutterliebe viel selbstloser als diejenige des Vaters.

Der Sohn sieht seine Mutter als Anlaufstelle in Notsituationen. Wenn er sich vor den harten Ansprüchen flüchtet, welche die Realität an ihn stellt, bietet sie Schutz, ohne dafür im Gegenzug etwas einzufordern. Ein Vater tendiert eher dazu, seinen Sohn auf seine Fähigkeit hin zu prüfen, wie er mit der Welt zurande kommt. Denn auch er selbst wurde von seinem eigenen Vater auf das Überleben und das Erwerben der dafür nötigen Fähigkeiten hin erzogen. Er will, dass sein Sohn ihm in jeder nur erdenklichen Situation zeigt, dass er sein Leben und alle Probleme „fest im Griff" hat. Männer haben diesbezüglich – so scheint es – einen eher „technischen" Zugang zur Welt.

Die Mutter kann mit ihrer selbstlosen Liebe aber auch Schaden anrichten, indem sie den Sohn zur Unselbstständigkeit „verzieht". Ich habe das bereits ausgeführt.

Aus Sicht des Sohnes ist es komfortabel, sich verwöhnen zu lassen. Er wird von sich aus dieses „Service" nur schwer aufgeben. Allerdings entsteht zunehmend Druck auf ihn von Seiten seiner Freunde. Denn nichts ist einem jungen Mann peinlicher, als vor seinen Kumpels als „Weichei" und Muttersöhnchen dazustehen. Die Chancen, dass die Mutter ihn von sich „entwöhnt", stehen also nicht so schlecht. Manchmal scheitert sie aber auch. Und das sind dann die Männer, die jeder von uns kennt: Sie benehmen sich tatsächlich wie Schwächlinge und knicken bei der geringsten Belastung ein. Das ist das andere Extrem.

Ein wesentlicher Aspekt an der selbstlosen Liebe der Mutter besteht für ihren Sohn darin, dass er durch sie ein so genanntes Urvertrauen entwickelt. Dieses Gefühl benötigt jeder Mensch, um in sich ruhen zu können. Es geht dabei darum, wahrzunehmen, dass es jemanden gibt, der einen liebt, ohne dass man sich diese Liebe erst verdienen muss. Das gibt einerseits Selbstvertrauen und ermöglicht auf der anderen Seite, selbst ein Stück dieser selbstlosen Liebe an andere weiterzugeben. Wie schon gesagt: Väter haben in unserem Kulturkreis (noch) einen weniger emotionalen, weniger selbstlos liebenden und dafür mehr „leistungsorientierten" Zugang zu ihren Söhnen. Auch das dürfte ein Grund dafür sein, warum viele Männer noch immer Schwierigkeiten damit haben, offen über ihre Gefühle zu sprechen. Denn wer den eigenen Sohn immer nur aus der Leistungsperspektive sieht und behandelt, kann es sich selbst nicht erlauben, Schwächen zu zeigen.

Die Schwester ist für einen Jungen – so wie jedes Geschwisterchen – eine „Konkurrenz". Sie ist Mitstreiterin um Aufmerksamkeit und Zuneigung der Eltern. Es ist nicht leicht, immer genau darauf zu achten, jedem Kind gleich viel Liebe und Aufmerksamkeit zu schenken. Natürlich bemühen sich Eltern, alle Kinder möglichst gleich zu behandeln. Aber in der subjektiven Wahrnehmung eines Kindes stellt sich das meistens anders dar. Und das ist wohl nicht ganz unbegründet. Denn unbewusst hat jeder der beiden Elternteile seinen „Liebling", den er bevorzugt. Meistens handelt es sich dabei um das Kind mit dem gegenteiligen Geschlecht des Elternteils. Wenn der Vater seine Tochter anders, „besser" behandelt als seinen Sohn, kann es zu Spannungen zwischen Vater und Sohn kommen.

Der Sohn fühlt sich zurückgesetzt, ein Gefühl, das durch die unterschiedlichen Anforderungen, die Vater (und Mutter) an ihn und seine Schwester stellen, noch verstärkt werden kann. So kann die Schwester zum Beispiel das „Nesthäkchen" sein, von ihrem Vater verwöhnt werden und sich mehr Fehler leisten als ihr Bruder. Das wiederum setzt den Jungen ziemlich unter Druck. Denn auch er will sich ab und zu fallen lassen dürfen, auch wenn er kein Kleinkind mehr ist. Aber aus Sicht des Vaters soll er nur ja nicht verweichlicht werden. Und darum achtet der Vater unbewusst darauf, dass er ihn anders behandelt als seine Tochter.

Ab einem gewissen Alter ist die Schwester für den Bruder unsichtbar. Er interessiert sich nicht mehr für sie, weil er seine Freunde hat und mit diesen spielt. Sie wird erst dann wieder interessant für ihn, wenn er in das Alter kommt, wo er sich für ihre Freundinnen zu interessieren beginnt. Denn dann braucht er sie als Vermittlerin.

Die Tochter ist für einen Mann die Frau, an der sich zeigt, was er von seiner Mutter und im Umgang mit seiner Schwester gelernt hat. Männer lieben ihre Töchter. Es ist ein Vorurteil, dass ihr Herz nur für ihre Söhne schlagen würde. Eine Tochter löst in einem Mann Beschützerinstinkte aus, denn erstens handelt es sich zunächst einmal um ein Baby, ein zartes, zerbrechliches Geschöpf. Und zweitens ist dieses Baby eine Frau. Und für Frauen fühlen sich die meisten Männer automatisch in die Rolle des Beschützers versetzt.

Die Tochter ist für einen Mann die Frau, an der sich zeigt, was er von seiner Mutter und im Umgang mit seiner Schwester gelernt hat.

Aber auch das Verhältnis zwischen Vater und Tochter ist bedroht. Denn sie gehört dem anderen Geschlecht an, demjenigen Geschlecht, das der Mann am wenigsten kennt. Er hat schon Schwierigkeiten, sich selbst einigermaßen zu verstehen, und jetzt das: ein Mädchen. Da muss ich besonders aufpassen, denkt er vielleicht. Und die Gefahr, dass er seine Tochter deshalb zu sehr verwöhnt, während er seinen Sohn zu sehr fordert, ist groß. Hier liegt es an der Mutter, die insgesamt einen mehr gefühlsbetonten Zugang zu ihren Kindern hat, regulierend einzugreifen. Da sie umgekehrt ihrem Sohn meistens emotional näher steht als ihrer Tochter, kann sie eine Bevorzugung der Tochter innerhalb der Familie verhindern.

Eine ausgewogene Partnerschaft zwischen Mann und Frau basiert also darauf, dass jeder die Schwächen des anderen kennt und ihn liebevoll darauf aufmerksam macht. Das politische System der USA besteht aus „checks and balances", aus subtilen Mechanismen, Macht und Interessen aller Beteiligten in Balance zu halten. Ähnlich könnte man auch die Situation in einer funktionierenden Beziehung zwischen Mann und Frau und ihren gemeinsamen Kindern betrachten. Keiner der beiden Erwachsenen begeht absichtlich Fehler. Aber diese Fehler passieren nun einmal. Umso wichtiger ist es, dass Vater und Mutter sich gegenseitig beobachten und – wenn nötig – Einspruch erheben, bevor es zu Ungerechtigkeiten kommt.

Unterschiede erkennen und ertragen

Die Geschichte ist alt und gilt als Paradebeispiel für die vielen kleinen und großen Unterschiede zwischen Mann und Frau: Viele Männer klappen die Klobrille nicht hoch, wenn es ans Urinieren geht. Das ist wirklich nach wie vor ein Dauerbrenner, der darauf angelegt ist, Frauen in den Wahnsinn zu treiben. Und dabei wäre alles so einfach: Pinkelt er im Stehen, klappt er die Brille hoch. Ein Handgriff, und die Sache ist erledigt. Zu schön, um wahr zu sein! Denn ist die Klobrille einmal oben, erfordert es einen Handgriff mehr, um sie wieder nach unten zu klappen. Und das, bitte schön, ist dann doch ein wenig zu viel des Guten!

Ist es wirklich gemütlicher, stehend zu pinkeln, wenn man die Möglichkeit hat, entspannt auf dem Sitz einer Toilette Platz zu nehmen? Das kommt sicher darauf an, wo sich die Toilette befindet. In Zügen und Restaurants, auf Flughäfen oder in fremden Wohnungen kann die mangelnde Hygiene ein echtes Problem darstellen. Da beneide ich keine Frau, das muss ich zugeben. Aber zu Hause? Ich persönlich pinkle meistens im Stehen, setze mich aber immer wieder gerne hin, weil es ganz einfach entspannt. Und warum? Die Zeit, die man am Klo verbringt, ist eine echte Auszeit von der Hektik des Alltags. Sie ist fast so etwas wie ein kleiner Kurzurlaub vom täglichen Stress, ein Urlaub, für den man keine Genehmigung vom Chef braucht. Warum sollte man diese wenigen Augenblicke in absoluter Abgeschiedenheit und Ruhe nicht genießen? Dabei stehen zu müssen fördert die Entspannung eher nicht.

Für all jene, die es wirklich nur im Stehen schaffen, sich des lästigen Flüssigkeitsballastes zu entledigen, ist die Sache klar: Wer stehend pinkeln will, sollte das auch tun. Aber er ist moralisch dazu verpflichtet, die Klobrille hochzuklappen oder sie anschließend zu putzen. Das ist Ehrensache. Und davon abgesehen gibt es ja immer noch die Möglichkeit, neben der normalen Klomuschel ein Pissoir im WC einbauen zu lassen. Meine Mutter und meine Schwester haben das gemacht.

Frauen und Männer sind verschieden. So viel steht fest. Was bisher noch nicht mit Sicherheit von der Wissenschaft beantwortet werden konnte: Sind die Unterschiede mehrheitlich durch unsere Gene vorherbestimmt? Oder liegt es an der unterschiedlichen Erziehung von Jungen und Mädchen, dass sich die beiden Geschlechter teilweise ziemlich stark voneinander unterscheiden? Einige der klar zutage tretenden Differenzen machen sich jedenfalls schon sehr früh bemerkbar. Die Wahrscheinlichkeit ist daher groß, dass es sich hierbei um angeborene Unterschiede handelt.

Schon vom Kindergartenalter an entwickeln sich die beiden Geschlechter augenscheinlich auseinander. Während Mädchen lieber in kleinen Gruppen mittels Sprache in gedanklichen Austausch miteinander eintreten, bevorzugen Jungen Wettkampfsituationen, um ihre körperliche Überlegenheit zu erproben. Sie spielen Cowboy und Indianer oder Fußball und organisieren sich in hierarchisch strukturierten Banden.

Männer haben ein höheres Aggressionspotenzial als Frauen und – leider – auch die physischen Mittel, es zum Schaden anderer einzusetzen. Der durchschnittliche Mann ist stärker als die durchschnittliche Frau. Aber das sagt natürlich nichts über den konkreten Einzelfall aus. Es kann also durchaus vorkommen, dass in einer Beziehung die Frau stärker ist als der Mann. Diese Anmerkung ist mir sehr wichtig, denn was auch immer die Statistik über den Durchschnittsmann beziehungsweise die Durchschnittsfrau zu sagen weiß, daraus lässt sich nichts für eine bestimmte Frau oder einen bestimmten Mann ableiten. Es ist auch noch zu beachten, dass zirka 15 bis 20 Prozent der Männer wie Frauen agieren und etwa 10 Prozent der Frauen männlich handeln.

In ihrem Bestseller „Warum Männer nicht zuhören und Frauen schlecht einparken" beschreiben die Autoren Allan und Barbara Pease die Kommunikationsfähigkeiten von Männern folgendermaßen:

„Am Valentinstag fordern Floristen Männer auf, ‚es mit Blumen zu sagen', weil sie wissen, dass ein Mann Schwierigkeiten hat, es mit Worten auszudrücken. Eine Grußkarte zu kaufen, ist für einen Mann nie das Problem. Seine Schwierigkeiten fangen erst an, wenn es darum geht, etwas darauf zu schreiben."

Das ist bestimmt ein wenig übertrieben, denn bekanntermaßen können auch wir Männer uns ausdrücken und stammeln nicht den ganzen Tag vor uns hin. Aber dennoch hat diese ironische Analyse einen hohen Wahrheitsgehalt. Mädchen lernen Sprachen viel leichter als Jungen. Diese Erkenntnis gilt mittlerweile als wissenschaftlich belegt. Wenn Männer miteinander sprechen, dann tun sie das auf sehr sachliche, fast schon trockene, wissenschaftliche Art und Weise. Wenn ein Mann einem anderen Mann etwas sagt, dann meistens, um ihm etwas mitzuteilen. Ist das geschehen, können beide wieder schweigen, ohne sich verloren zu fühlen.

Männer haben ein Problem damit, über sich selbst zu reden.

Männer haben ein Problem damit, über sich selbst zu reden. Das liegt zunächst einmal daran, dass sie es nicht gewohnt sind. Wann immer Frauen mich darauf ansprechen und fragen: „August, woran liegt das eigentlich, dass die Männer nicht offener sind, nicht mehr von sich selbst erzählen?", muss ich leider antworten: „Weil sie sich auf diesem Gebiet nicht sehr gut auskennen." Es stimmt: Männer können sehr viel reden, manchmal sogar zu viel. Aber gerne und offen reden sie nur über diejenigen Dinge, von denen sie eine Ahnung haben: Beruf, Fußball, Autos, schöne Frauen. Wenn der Zeitpunkt gekommen ist, wo sie endlich über sich selbst, über ihre Sehnsüchte und Ängste, also über ihre Gefühle sprechen dürfen, herrscht das große Schweigen.

Frauen dagegen können – so scheint es jedenfalls – sinn- und ziellos miteinander plaudern, auch und gerade dann, wenn es aus Sicht von Männern eigentlich nichts zu bereden gibt. Manche Wissenschaftler führen diese Unterschiede darauf zurück, dass Frauen in der frühen Zeit der Menschheit den Tag über mit anderen Frauen und Kindern zusammen waren, während ihre Männer gemeinsam auf die Jagd gingen. Die kurze, prägnante Information war während der Jagd überlebensnotwendig, um gemeinsame Aktionen blitzschnell zu koordinieren. Die Kommunikation unter Frauen hingegen hatte mehr den Charakter der Beziehungspflege und diente der sozialen Interaktion. Sie fand in einem stressfreien Umfeld, in ruhigen und wesentlich ungefährlicheren Situationen statt als die der Männer auf der Jagd. Wenn Sie also einem Mann gegenübersitzen und sich darüber ärgern, dass er nicht ein annähernd gleich großes Bedürfnis hat wie Sie selbst, sich mitzuteilen, sollten Sie das bedenken.

Dass Männer dazu neigen, Dinge lieber zu zerlegen und Themen zu analysieren (was ja nichts anderes bedeutet als „auflösen", „zerlegen"), anstatt sie einfach nur zu betrachten, ist bekannt. Sie wollen verstehen, wie die einzelnen Teile zusammenwirken, wie das Ding, das da vor ihnen liegt, funktioniert. Während sie einen Zugang des Wissens zur Welt haben, ist derjenige von Frauen einer der Wahrnehmung. Letztere finden Dinge einfach nur schön, wollen sie vielleicht noch ein bisschen schöner machen und erfreuen sich an der äußeren Form, die sie vor sich sehen.

Männer jedoch können ein Ding erst dann „schön" finden, wenn sie begriffen haben, wozu es nützlich ist. Und wenn sie es als nutzlos im technischen Sinne erkannt haben, verlieren sie meistens das Interesse daran. Vereinfacht könnte man mit folgendem Beispiel sagen: Frauen sind fasziniert von einer schönen Standuhr. Männeraugen beginnen erst dann zu glänzen, wenn sich der Schraubenzieher ins Innere vorarbeitet und auf der Suche nach Verstehen das Objekt Schraube für Schraube auseinander nimmt.

Damit will ich natürlich nicht sagen, dass es keine Frauen gibt, die wissen, wie man mit Werkzeug richtig umgeht. Selbstverständlich gibt es auch jede Menge Männer, die auf ihr Äußeres Wert legen oder gerne in ein Kunstmuseum gehen. Aber im Allgemeinen verhält es sich eher umgekehrt.

Es gibt genau zwei Ausnahmen von der ästhetischen Blindheit von Männern, wobei ich nur eine davon unmittelbar biologisch begründen kann: Frauen und teure Autos. Was die Autos betrifft, so muss ich zugeben: Für mich ist ein Auto ein reiner Gebrauchsgegenstand. Insofern können mich edle Autos nicht sonderlich faszinieren. Aber ich weiß, dass es vielen Männern diesbezüglich ganz anders geht. Sie können sich in ein schönes Auto geradezu verlieben. Und was die Frauen betrifft: Mit diesem Thema werde ich mich später noch ausführlich beschäftigen.

Damit hätte ich auch schon die Überleitung zum zweiten Bereich neben der Kommunikation geschafft, in welchem Männer und Frauen sich deutlich voneinander unterscheiden: in ihrer Sexualität. Da ich dem Thema „Männer und Sex" ein eigenes Kapitel gewidmet habe, möchte ich hier nicht allzu viel darüber erzählen. Eines jedoch will ich bereits an dieser Stelle sagen, weil es mir sehr wichtig erscheint: Viele Missverständnisse im Bereich der Sexualität resultieren daraus, dass Männer und Frauen sich noch immer viel zu selten über ihre Bedürfnisse austauschen. Und das ist eigentlich paradox. Denn einerseits tut unsere Gesellschaft so, als wäre Sexualität die natürlichste Sache der Welt. So vergeht zum Beispiel kein Tag, an dem uns nicht dutzende nackte Männer und Frauen aus Zeitungen und Fernsehen förmlich entgegenspringen. Trotzdem haben Mann und Frau noch immer Hemmungen, über das Thema „Sex" offen miteinander zu reden. Diese Diskrepanz zwischen Anspruch und Wirklichkeit gehört dringend beseitigt, denn auch sie ist Teil der Missverständnisse, die noch immer zwischen Männern und Frauen bestehen.

Gemeinsamkeiten erkennen und genießen

Warum sollen Unterschiede eigentlich schlecht sein? Ist es nicht viel spannender, wenn Mann und Frau in einer Beziehung nicht immer derselben Meinung sind, weil dadurch jeder der beiden neue Aspekte, neue Betrachtungsweisen kennen lernen kann? Ich persönlich glaube sogar, dass es lebenswichtig ist, dass wir verschieden sind. Erkannte und akzeptierte Unterschiede bereichern nicht nur unsere Sicht auf die Welt und stärken damit zugleich unsere Offenheit und Toleranz anderen gegenüber, sie machen auch einen großen Reiz aus. Das ewig Gleiche beginnt schnell zu langweilen. Das nie zur Gänze verstandene Andere fordert heraus, regt an und erregt. Nicht zuletzt in sexueller Hinsicht.

Und sind es wirklich mehrheitlich Unterschiede, die Männer und Frauen im Vergleich miteinander entdecken? Lieben nicht beide Geschlechter das Gefühl von Nähe und Vertrautheit? Kuscheln wir nicht alle gerne und verbringen gerne einen gemütlichen Abend zusammen im Theater, mit einem Buch auf der Couch oder im Bett? Gemeinsam zu kochen, Sport zu betreiben, mit Freunden auszugehen und zu lachen kann eine Beziehung fördern und vertiefen. Und selbst offene Gespräche und respektvolle Diskussionen über diejenigen Dinge, die Männer und Frauen voneinander unterscheiden, können zur Annäherung der beiden Geschlechter beitragen. Denn auch dadurch wird Intimität zwischen Partnerin und Partner gefördert. Und auf Intimität in einem umfassenden, nicht nur rein sexuellen Sinn kommt es doch in Wahrheit an.

Natürlich gibt es Unterschiede zwischen Männern und Frauen. Ein paar der auffälligsten werde ich in den folgenden Kapiteln behandeln, da sie wesentlich für das Verständnis von Männern sind. Wer behauptet, dass es keine Unterschiede gibt, der lügt, selbst wenn er es aus guter Absicht tut. Manche dieser Unterschiede sind unbedeutend und fallen nur Experten aus Medizin und Psychologie auf. Andere stechen sofort ins Auge. Aber wie groß auch immer die Unterschiede sein mögen: Unter keinen Umständen ist es zulässig, sie als Begründung für die Benachteiligung eines der beiden Geschlechter zu verwenden. Was heute oder unter einer bestimmten Perspektive als Nachteil oder Schwäche angesehen wird, kann schon morgen, unter einem anderen Blickwinkel, als Vorteil oder Stärke gelten. Männer und Frauen sind trotz ihrer Verschiedenheit aufeinander angewiesen. Poetischer formuliert könnte man sagen: Sie können nicht voneinander lassen. Zum Glück. Beide Geschlechter sollten die Unterschiede als Chance sehen, ihre je eigene Welt zu bereichern. Das Unbekannte, das Fremde muss nicht Auslöser von Angst, es kann auch äußerst reizvoll und stetiger Quell neuer Erkenntnisse und Empfindungen sein.

Ein Thema für sich: die Schwiegermutter

Im Rahmen eines Vortrages, den ich einmal gehalten habe, kam eine junge Frau zu mir. Sie sagte: „Lieber Herr Höglinger, ich muss Ihnen etwas sagen: Egal, was ich mache, in den Augen meiner Schwiegermutter ist es das Falsche. Sie ist eine echte Zangen!" Sie kennen den Ausdruck „Zangen" bestimmt. Er bezeichnet einen Menschen, mit dem man besser nichts zu tun haben will, einen Menschen, der einen so richtig quälen kann. Wie eine Zange eben. Interessanterweise nennt man das Gerät, mit dem man Heftklammern aus Akten entfernen kann, „Schwiegermutter". Und wenn Sie eine solche „Schwiegermutter" schon einmal in der Hand gehabt haben, wissen Sie auch, wie dieses Bürowerkzeug aussieht. Richtig: wie eine Zange.

Mag sein, dass die Ursache für den klassischen Konflikt zwischen Schwiegermutter und Schwiegertochter darin liegt, dass Mütter ein sehr emotionales Verhältnis zu ihren Kindern und ein noch viel emotionaleres zu ihren Söhnen haben. Sie können sich daher nicht leicht von ihnen abnabeln, auch dann nicht, wenn diese schon längst erwachsen sind. Väter hingegen sehen die Sache viel entspannter, aus einer rationaleren Perspektive. Sie würden ihren Schwiegertöchtern niemals vorwerfen, ihnen ihren „Liebling" wegnehmen zu wollen. (Vielleicht freuen sie sich sogar insgeheim, dass sie ihren Sohn jetzt endlich an eine andere Frau weiterreichen dürfen und ihre eigene wieder uneingeschränkt für sie da ist.)

Damit ein Sohn seine Mutter loslassen kann, muss er sie zuerst „genommen" haben.

Damit ein Sohn seine Mutter loslassen kann, muss er sie zuerst „genommen" haben. Er muss sie in sein Herz genommen haben, und zwar genau so, wie sie ist, ohne Wenn und Aber. Für viele Söhne ist das ein schwieriges Unterfangen. Ist das Nehmen der Mutter nicht erfolgt, kann sich der Mann nicht an die Seite seiner Frau stellen. Er steht innerlich immer noch im Bannkreis seiner Mutter. Ein Teilnehmer meiner Seminare ist sogar 2 000 Kilometer von seiner Mutter weggezogen. Das half ihm jedoch nichts, weil Herzensverbindungen auch existent bleiben, wenn viele Kilometer dazwischen liegen.

Nimmt ein Sohn seine Mutter nicht in sein Herz, so kann er sie auch nicht lassen. Daraus entwickelt sich eine Konsequenz. Der Sohn ist nicht wirklich emotional abgenabelt. Die Schwiegertochter merkt das unbewusst und es beginnt ein Rivalitätskampf mit der Schwiegermutter. Das Ziel dieses Kampfes ist die Loslösung des Sohnes von seiner Mutter, damit er ganz zu seiner Frau stehen kann. Viele Schwiegertöchter haben noch nicht erkannt, dass sie diesen Kampf nicht selbst gewinnen können. Das kann nur der Mann lösen. Erst wenn der Mann seine Mutter in sein Herz nimmt, kann er sie auch lassen. Dann steht einem gedeihlichen Zusammenleben mit der Schwiegermutter nichts mehr im Wege.

In unseren Seminaren sagen wir oft zu einem teilnehmenden Mann: „Wenn du Probleme mit den Frauen hast, schau zur Mutter!" Dort liegt sehr oft die Lösung. Bei diesem Prozess kann eine Frau ihren Mann unterstützen, indem sie ihm hilft, seine Mutter besser zu verstehen. Dies gelingt aber nur dann gut, wenn die Beziehung zur Schwiegermutter möglichst unbelastet ist. Es lohnt sich also im doppelten Sinne, an der Beziehung zur Schwiegermutter zu arbeiten.

„Wenn du Probleme mit den Frauen hast, schau zur Mutter!"
Dort liegt sehr oft die Lösung.

Viele Konfliktpunkte haben ihre Ursache aber auch in der Person der Schwiegermutter. Oft ist es Neid, der viele Mütter antreibt, weil sie bewusst oder unbewusst erkennen, dass vieles von dem, was ihre Schwiegertöchter machen, nicht bloß anders, sondern tatsächlich besser ist. Diese Erkenntnis ist für einen Menschen besonders schwer zu ertragen. Und somit gibt es einen guten Grund, sich dagegen zu wehren. Das Schlechtmachen der eigenen Schwiegertochter dient als Überdruckventil für den Ärger über die eigenen Unzulänglichkeiten.

Ein Mann beziehungsweise Sohn ist gefordert, seiner eigenen Mutter Einhalt zu gebieten. Es ist seine Pflicht, der eigenen Frau im Streit mit der Schwiegermutter beizustehen, sich auf die Seite seiner Partnerin zu schlagen. „Bis hierher und nicht weiter, so sprichst du nicht mit meiner Frau!", ist ein Satz, den viele Frauen in solchen Situationen gerne von ihrem Partner hören würden. Nur leider wird er selten ausgesprochen.

Kaum eine Mutter gibt ihren Sohn gerne her, und wenn, dann nur, wenn sie sich bei ihrer künftigen Schwiegertochter ganz, ganz sicher ist. Soll heißen: wenn sie ihren Sohn in guten, nein in den besten Händen (außer ihren eigenen) weiß. „In guten wie in schlechten Zeiten", lautet der Treueschwur, den Braut und Bräutigam sich vor der Gemeinde und vor Gott gegenseitig leisten. Und darauf kommt es der Frau Mama an. Sie sorgt sich um ihren Sohn und will, dass er auch dann nicht von seiner Partnerin im Stich gelassen wird, wenn die schlechten Zeiten anbrechen.

Die unumgängliche Tatsache, dass Männer irgendwann einmal von zu Hause ausziehen und ihre Mutter „verlassen" müssen, ist für viele Mütter schwer zu ertragen. Die Angst, dass ihre Söhne sie gegen bessere Frauen „eintauschen", ist jedoch unbegründet. Ein Sohn, der seine Mutter liebt, wird immer ein liebevolles Verhältnis zu ihr haben, auch wenn er einmal nicht mehr bei ihr zu Hause lebt. Er gibt sie ja nicht auf, bloß weil er sich eine Partnerin sucht. Für ihn wird seine

Frau nie ein Muttterersatz sein können. Und das ist natürlich auch gut so. Denn seine Frau will ja schließlich einen erwachsenen Mann zum Partner haben und kein Kind, um das sie sich kümmern muss. Dennoch sind es gerade die biologischen Tatsachen an diesem vermeintlichen „Frauentausch", die eine Mutter besonders quälen können: Ich bin alt. Sie ist jung. Sie ist hübscher als ich. Er liebt sie mehr als mich. Die Realität des eigenen Alterns, mit der sich eine Mutter zunehmend konfrontiert sieht, beängstigt sie. Und ab dem Zeitpunkt, wo ihr Sohn flügge geworden ist und von zu Hause auszieht, trifft diese Realität sie mit maximaler Härte. Denn es stimmt: Ihre Schwiegertochter *ist* (für gewöhnlich) jünger als sie. Und im Angesicht dieser Tatsache bemerkt die Schwiegermutter, dass sie älter, nein, schlimmer noch, dass sie alt geworden ist.

Wenn der Tag gekommen ist, an dem die Kinder erwachsen geworden sind und das Elternhaus verlassen, blickt die Mutter wieder auf die eigene Uhr. Und voller Entsetzen stellt sie fest, dass sie sich nur eingebildet hat, die Zeiger wären all die Jahre über stillgestanden. In Wahrheit aber haben sie sich die ganze Zeit über weiterbewegt. Und plötzlich kommt der Mutter das eigene Leben nicht mehr vor wie eine Höherentwicklung, die sie doch an ihren Kindern erlebt und genossen hat. Ganz im Gegenteil: Sie befindet sich auf dem Abstieg, sieht sich den Weg zum eigenen Ende beschreiten – zum Alter und damit zum unausweichlichen Tod. Und da bekommt sie es mit der Angst zu tun. Sie möchte die Kinder, die längst erwachsen geworden sind, am liebsten gar nicht loslassen. Sie will weiter daran festhalten, dass sie ja noch immer Kinder, dass sie noch nicht „fertig" sind. Sie sind noch nicht „ausgewachsen" und daher auch noch nicht bereit, der Obhut ihrer Eltern entrissen zu werden. Am liebsten würde sie ihre Kinder bei sich behalten, ihr Leben lang. Denn solang sie sich noch um sie kümmern muss, ist auch ihr eigener Lebenssinn intakt.

Das ist eine sehr tragische Erfahrung, die eine Mutter hier macht. Im Unterschied zu ihrem Mann kommt bei ihr noch dazu, dass sie nicht bis ins hohe Alter hinein Kinder zeugen kann. Dadurch werden ihr das Älterwerden und die eigene Vergänglichkeit noch schmerzhafter vor Augen geführt. Das ist deshalb für Frauen viel schwerer zu ertragen als für Männer, weil Erstere sich selbst sehr viel stärker über ihre biologische Rolle als mögliche Mutter verstehen. Viele Frauen, die in den Wechsel kommen, denken insgeheim: Das war's jetzt. Ich bin alt. Und viele bekommen eine Sinnkrise, weil sie das Ende der eigenen Möglichkeit, Mutter zu sein, als Ende all ihrer Ziele verstehen, so als wären sie dadurch nutzlos geworden.

Hilfreich ist es, Verständnis für die Situation der Schwiegermutter zu haben. Vielleicht ist Ihre Schwiegermutter einfach nur einsam, sucht Anschluss und will deshalb in der Nähe ihres Sohnes sein. Wenn Sie dieses Bedürfnis respektieren und sich der Mutter Ihres Mannes gegenüber fair, zumindest aber neutral verhalten, kann aus der „bösen Schwiegermutter" unter Umständen eine Partnerin, vielleicht sogar eine Freundin werden. Es ist sehr wichtig, dass Ihre Schwiegermutter einsieht, dass Sie keine Konkurrentin für sie sein wollen. Sie ist die Mutter Ihres Mannes und wird es immer sein. Und Sie sind seine Partnerin. Das sind einfach zwei verschiedene Paar Schuhe.

Ich bin dafür, dass wir ehrlicher miteinander umgehen. Denn ich glaube, dass das unterm Strich einfach mehr bringt. Natürlich verlangt das eine ordentliche Portion Mut, denn Ehrlichkeit bedeutet auch, die eigenen Schwächen und Fehler einzugestehen. Aber gerade dadurch steigt die Chance, dass auch die Menschen, mit denen wir zu tun haben, uns gegenüber ehrlicher sind. Wenn sie nämlich erleben, dass wir uns nicht hinter einer Fassade aus Unerschütterlichkeit verbergen, sondern uns offenbaren, werden sie sich sagen: Der ist ja gar nicht so kühl. Die hat ja auch ihre Probleme. Und dann wird der Umgangston ein ganz anderer, offenerer, herzlicherer sein.

Leider kann sich niemand seine Schwiegermutter aussuchen. Der Versuch, sie zu ändern, ist von Anfang an zum Scheitern verurteilt. Wenn Sie Punkte entdecken, in denen sie beide nie übereinstimmen werden, belassen Sie es dabei. Akzeptieren Sie, dass Menschen unterschiedliche Ansichten haben können. Und vor allem: Sie leben (in der Regel) nicht mit Ihrer Schwiegermutter zusammen, also müssen Sie ihre Eigenheiten auch nicht tagtäglich ertragen. Machen Sie Ihr in diesen Fällen trotzdem klar, dass Sie ihre Art, an diese Dinge heranzugehen, nicht für falsch oder für schlechter halten. Sagen Sie ihr einfach, dass Sie es eben anders gelernt und es immer schon so gemacht haben. Sie können zum Beispiel darauf hinweisen, dass Ihre Mutter es Ihnen so beigebracht hat. Und die hat es davor schon von ihrer Mutter so gelernt. Damit zeigen Sie ihr, dass Sie durchaus Respekt vor Tradition und vor der eigenen Mutter haben. In Ihrem Fall ist es eben eine andere Tradition als diejenige Ihrer Schwiegermutter. Trotzdem fällt es ihr so leichter, Sie in Ihrem Anderssein zu akzeptieren.

Wünsche von Frauen und Männern

Sie kennen bestimmt die alte Geschichte mit der Fee, die plötzlich wie aus dem Nichts auftaucht und sagt: „Du hast drei Wünsche frei." Ich glaube, jeder von uns träumt manchmal davon, so einer Fee zu begegnen. Und was würden wir uns nicht alles wünschen! Ab und zu findet man in Zeitschriften die Ergebnisse von Meinungsumfragen, aus denen hervorgeht, was Menschen sich wünschen, gereiht nach Wichtigkeit. Interessanterweise tauchen dabei aber keine Wünsche nach unermesslichem Reichtum oder übernatürlichen Fähigkeiten auf. Die wenigsten Menschen wollen Milliardäre werden oder die Fähigkeit erwerben, ohne technische Hilfsmittel fliegen zu können. Nein, die Mehrzahl der Menschen hat vergleichsweise bescheidene und durchaus realistische Wünsche. Das heißt, diese könnten – zumindest theoretisch – verwirklicht werden, und zwar ohne Zutun einer Fee: Frieden und Gerechtigkeit auf der Welt, Gesundheit, besseres Verständnis füreinander und so weiter.

Viele der Wünsche, die damit zusammenhängen, wie Menschen in Paarbeziehungen miteinander umgehen sollten, könnten tatsächlich ganz leicht erfüllt werden. Aber dazu müssen wir aufeinander zugehen und miteinander reden. Denn dass unausgesprochene Wünsche in Erfüllung gehen, ist wohl eher unwahrscheinlich. Auch Männer und Frauen haben ganz bestimmte Vorstellungen vom gegenseitigen Umgang miteinander. Und deshalb sollten sie ihre diesbezüglichen Wünsche an ihre Partnerinnen und Partner auch äußern. Aber was wünschen sich Männer und Frauen eigentlich voneinander?

Wünsche der Frauen

Wenn ich im Zuge meiner Seminare mit Frauen ins Gespräch komme, erfahre ich, dass viele ihrer Wünsche den unseren gar nicht so unähnlich sind. Aber es gibt doch einige, durch die sie sich von Männern unterscheiden. So wünschen sich Frauen zum Beispiel – ich habe es bei den Unterschieden bereits erwähnt –, dass ihre Männer ihnen zuhören, einfach nur zuhören. Ich weiß, dass das in den Ohren eines Mannes sonderbar klingt. Denn für Männer sind „sinnlose" Konversationen, also Gespräche, die kein konkretes Ziel vor Augen haben, meistens reine Zeitverschwendung. Es kommt so gut wie nie vor, dass Männer, wenn sie miteinander reden, nicht über konkrete Probleme und Aufgaben sprechen oder darüber, wie diese bewältigt werden könnten. Frauen dagegen haben nicht unbedingt das Bedürfnis, mit jedem ihrer Gespräche systematisch Probleme zu lösen. Für sie ist es oft viel wichtiger, einfach nur miteinander zu kommunizieren.

In diesem Sinne wünschen sie sich auch von ihren Partnern, dass diese ihnen einfach nur zuhören und sich nicht sofort mit analytischem Verstand um eine Lösung bemühen, die gar nicht von ihnen verlangt worden ist. Glauben Sie mir, liebe Leserinnen, für einen Mann ist es ziemlich schwer, das zu akzeptieren. Denn wir sind beinahe darauf dressiert, kaputte Dinge oder Probleme zu erkennen, zu zerlegen, zu reparieren und anschließend wieder korrekt zusammenzusetzen. Es erfordert eine Menge an Geduld, der Versuchung zu widerstehen, die Welt in erster Linie unter dieser technischen, lösungsorientierten Perspektive zu sehen. Ich kenne Männer, die nervös hin und her zappeln, wenn sie nur zuhören sollen und nichts verändern dürfen.

Für Männer sind „sinnlose" Konversationen, also Gespräche, die kein konkretes Ziel vor Augen haben, meistens reine Zeitverschwendung.

Für viele Frauen ist es dagegen sehr wichtig, bloß ein Ohr geliehen zu bekommen. Sie wollen gehört werden. Es geht ihnen nicht um Lösungsvorschläge für ihre Probleme. Viele der Dinge, die Frauen bewegen, sind außerdem nicht einmal einer Lösung im männlich-technischen Sinne zugänglich. Das Anliegen von Frauen bei ihrer Beschreibung von Problemen ist es, ein Gefühl in Worte zu kleiden, vielleicht Ärger oder Trauer. „Geteiltes Leid ist halbes Leid", sagt ein alter Spruch. Und hier könnte die Lösung liegen: zuhören, ohne dem Gegenüber gleich eine „Reparatur" anzubieten. Wenn eine Frau ihre Gefühle vermitteln will, dann erzählt sie ihre Erlebnisse. Sie will sagen: „Ich fühle so." Und sie bittet unausgesprochen: „Kannst du das nachempfinden?" Sie will diese Gefühle nicht weganalysiert bekommen, sondern Verständnis von und seelischen Gleichklang mit ihrem Partner empfinden. Das gibt ihr das Gefühl, verstanden und geliebt zu werden. Diesbezüglich müssen wir Männer noch viel lernen. Und ich bitte Sie, liebe Leserinnen, dabei ein wenig Geduld mit uns zu haben.

Frauen wünschen sich Zärtlichkeit. Sie werden sagen: Aber das wünschen sich doch auch Männer. Stimmt. Aber Männer haben Schwierigkeiten damit, zu akzeptieren, dass Frauen oft nur Zärtlichkeit wollen und keinen Sex. Männer sind in diesem Bereich anders gestrickt als Frauen. Sie „springen schneller an", reagieren viel heftiger auf so genannte Schlüsselreize. Zum Thema „Männer und Sex" komme ich später noch im Detail. Eines sei aber an dieser Stelle bereits gesagt: Männer können zwischen Kuscheln und Sex nicht wirklich unterscheiden – leider auf Kosten des Kuschelns. Männer sind keine „Kuschelfanatiker". Das liegt wahrscheinlich in unserer Natur. Zärtlichkeit ist eine Sache. Männer sind zwar prinzipiell auch für sie zugänglich, andererseits aber genügt es ihnen, das Gefühl vermittelt zu bekommen, Sicherheit und Geborgenheit bei ihrer Partnerin zu finden. Sie brauchen diese Geborgenheit nicht unbedingt durch Körperkontakt bestätigt zu erhalten.

Für Frauen ist diese Form der Kommunikation mittels Körpersprache jedoch sehr wichtig. Und während Männern das Wissen um das Geborgensein bei ihrer Partnerin genügt, wollen Frauen sie im wahrsten Sinne des Wortes auf ihrer Haut spüren. Wenn Sie einen Mann mit Körperkontakt verwöhnen, ohne dabei selbst an Sex zu denken, wird er sehr schnell in Fahrt kommen und sich auf Sex einstellen. Frauen können ziemlich lang kuscheln, ohne überhaupt „zur Sache" zu kommen. Für Männer verliert das Kuscheln nach kurzer Zeit seinen Reiz, wenn es nicht zum Sex kommt. Wenn Sie also „nur" kuscheln wollen, sollten Sie Ihrem Partner also lieber gleich sagen, dass Sie keinen Sex, sondern bloß Zärtlichkeit wollen.

Die Kunst des Gedankenlesens haben wir leider noch nicht erlernt.

Männer sind in dieser Beziehung ein wenig eigen und sehr leicht eingeschnappt. Denn ihre biologisch bedingte Erwartung wird nicht erfüllt. Sie rechnen bei engem Körperkontakt damit, dass es auch zum Sex kommen wird. Wenn sich aber herausstellt, dass es nur beim Kuscheln bleibt, bringt sie das aus dem Konzept. Und dann finden sie Gründe, wie sie sich auch vom Kuscheln zurückziehen können, da es für sie sinnlos, weil ohne das einzige für sie vernünftige Ziel – Sex und Orgasmus – ist. Wenn Sie Ihrem Partner von Anfang an klar machen, dass Sie nur ein wenig Zärtlichkeit brauchen, gehalten und gestreichelt werden wollen, weiß er, worauf er sich einstellen kann. Wie schon gesagt: Wir Männer bevorzugen klare Worte. Wir wollen wissen, was Sache ist. Dann sind wir eher dazu bereit, die Wünsche von Frauen zu erfüllen. Die Kunst des Gedankenlesens haben wir leider noch nicht erlernt. Und in puncto Einfühlungsvermögen sind uns die Frauen bei weitem überlegen. Während sie aus unserer Körpersprache fließend lesen und diese verstehen können, sind wir gerade dabei, die ersten paar Worte stotternd zu buchstabieren. Auch in dieser Hinsicht sind wir auf Ihre Geduld mit uns angewiesen.

Frauen wünschen sich von Männern einen schärferen Blick für die zu erledigenden Dinge. Was bedeutet das? Nun, Frauen wollen Männern nicht immer sagen müssen, was „zu tun" ist. Denn das gibt ihnen, die sie das Notwendige nicht nur wahrnehmen, sondern sich auch umgehend an dessen Umsetzung machen, ein sonderbares Gefühl: Will er das nicht machen? Interessiert es ihn nicht? Ist es unwichtig für ihn? Oder bemerkt er es vielleicht gar nicht? Ich spreche von Dingen wie kaputten Geräten, auszuwechselnden Glühbirnen und dergleichen mehr. Natürlich möchte ich auch hier nicht verallgemeinern. Dennoch ist es unter Männern weit verbreitet, dass sie gerne darauf warten, um ihre Hilfe gebeten zu werden. Und damit komme ich auch schon zu den Wünschen der Männer an ihre Frauen.

Wünsche der Männer

Der Wunsch, um Hilfe gebeten zu werden, ist kein Akt der Demütigung, den Männer ihren Frauen angedeihen lassen. Sie wollen ihnen damit nicht die (vermeintlich oder tatsächlich) dominante Stellung des Mannes demonstrieren. Nein, es geht dabei um etwas ganz anderes. Sie werden jetzt vielleicht lachen: Männer sind ganz einfach nur Helden – zumindest aus ihrer eigenen Sicht. Männer wollen als „Retter in der Not" angerufen werden, die erst dann zum Einsatz kommen, wenn alle anderen Versuche fehlgeschlagen sind. Haben Sie sich noch nie gefragt, warum (von den Unterschieden an Körperbau und Kraft einmal abgesehen) hauptsächlich Männer gerne zur freiwilligen Feuerwehr gehen? Wenn es brennt, wollen sie ausrücken, um ihren „Mann zu stehen". Aber das Feuer muss groß sein. Staubsaugen und diverse andere „niedere" Dienste fallen nicht unter den Begriff „Katastropheneinsatz", denn sie mehren nicht unbedingt den Heldenruhm. Insofern wird kein Mann sich freiwillig mit dem Putzlappen bewaffnen, um gegen unterlegene Gegner in den Krieg zu ziehen.

**Frauen erwarten ungebeten Hilfe,
Männer wollen um Hilfe gebeten werden.**

Was können Sie also tun, um ihn dennoch um den Finger zu wickeln? Wie gesagt: Bitten Sie ihn. Nein, Sie müssen sich dazu nicht erniedrigen. Das ist nicht der Punkt. Sie müssen Ihrem Mann vielmehr klar machen, dass es ohne ihn ganz einfach nicht geht. Die Glühbirne hängt zu hoch oben. Der Schraubenzieher und die übrigen Geheimwaffen aus der Werkzeugkiste liegen viel besser in seiner starken, rauen Männerhand als in Ihrem kleinen, zarten Frauenhändchen. Nein, ich will natürlich nicht, dass Sie Ihren Mann für dumm verkaufen. Wir Männer sind ja schließlich nicht blöd. Sagen Sie es lieber mit einem Augenzwinkern. Denn Humor haben wir normalerweise schon. Machen Sie Ihrem Mann klar, dass es auf ihn ankommt, dass Sie ihn brauchen, weil Sie es allein nicht schaffen. Das fordert ihn garantiert heraus, ohne Verzögerung zum Einsatz zu schreiten.

Männer haben aber nicht nur den Wunsch, um Hilfe gebeten zu werden. Es wäre zu schön, um wahr zu sein, wenn das alles wäre. Es gibt da aber noch eine Kleinigkeit, die Sie unbedingt beachten sollten: Im Unterschied zu Frauen können Männer es ganz und gar nicht ausstehen, wenn man ihnen hilft, ohne dass sie darum gebeten haben.

Männer möchten als „Retter in der Not", als Helden angesehen werden. Das entspricht ihrem Selbstverständnis als Alleskönner, zumindest in technischer Hinsicht. Und es schmeichelt ihrem Ego. Wenn man sie aber ungebeten mit Hilfsangeboten konfrontiert, kommt das für sie beinahe einer Kastration gleich. Es bedeutet nämlich so viel wie: Du brauchst Hilfe, denn allein schaffst du das wohl nicht. Bitte, liebe Frauen, helft uns nicht, wenn wir euch nicht darum bitten! Auch wenn ihr euch das umgekehrt so von uns wünscht. Wir sind Männer. Wir haben alles im Griff. Na ja, sagen wir: fast alles. Und das, was wir noch nicht im Griff haben, kriegen wir auch noch irgendwie hin.

Ich übertreibe hier bewusst ein wenig. Es ist nicht so, dass sich Männer überhaupt nicht helfen lassen. Aber sie wollen eigenständig darüber entscheiden, wann es so weit ist. Männer wollen ein Maximum an Freiheit. Und wenn sie sich schon in die Unfreiheit begeben müssen, sich helfen zu lassen, dann wollen sie wenigstens die Freiheit haben, diese Unfreiheit von sich aus zu wählen. Bitte drängen Sie sich und Ihre Hilfe daher keinem Mann auf.

Ich habe bereits erklärt, dass wir Männer erst lernen müssen, dass es zur weiblichen Kommunikation gehört, nicht in jedem Gespräch zielgerichtet auf Probleme und deren Lösungen zuzusteuern. Es liegt Frauen oft einfach nur daran, sich „auszusprechen", ihre Gefühle mitzuteilen. Wenn Sie uns immer wieder darauf hinweisen, dass es so ist, werden wir auch lernen, Ihnen zuzuhören, ohne Ihnen unsere Analysen und Lösungen aufzudrängen. Sie müssen aber verstehen, dass wir, wenn wir müde von der Arbeit nach Hause kommen, nicht sofort dazu in der Lage sind, Ihnen unser Ohr zu leihen. Hier sind wir bei einer wesentlichen Bitte angelangt. Viele Männer gaben sie mir mit auf den Weg bei Vorträgen mit Frauen: Bitte gebt uns ein wenig Zeit, damit wir den Tag hinter uns lassen können. Dann hören wir euch gerne zu. Aber zuerst müssen wir uns ein wenig zurückziehen und abschalten.

Den ganzen Tag über hören wir anderen Menschen zu. Wenn wir am Abend von der Arbeit nach Hause kommen, brauchen wir ein paar Minuten, in denen wir nichts hören, und wenn, dann höchstens ein wenig Musik zur Entspannung. Bitte werten Sie diesen Wunsch nach Einsamkeit nicht als Liebesentzug. Sehen Sie es vielmehr so: Wenn Sie uns Männer erst einmal in Ruhe lassen, sind wir später viel wacher und konzentrierter und schenken Ihnen und Ihren Worten viel mehr Aufmerksamkeit. Auch wenn es auf den ersten Blick anders aussieht, zeugt es doch vom Respekt mancher Männer, wenn sie darauf bestehen, sich nicht gleich beim Betreten der Wohnung mit einem Wortschwall überschütten zu lassen. Denn Männer, die das zulassen, können gar nicht zuhören. Aber weil sie glauben, ihre Partnerinnen zu verletzen, wenn sie ihnen diesbezüglich die Wahrheit sagen, verschweigen sie diese lieber. Sie sollten daher diejenigen Männer besonders schätzen, die Ihnen sagen, dass sie ein wenig Zeit benötigen, bevor sie bereit sind, Ihnen zuzuhören. Denn das sind die Männer, die Ihnen dann auch wirklich zuhören.

Als ich mich dazu entschieden habe, dieses Buch zu schreiben, haben mir „meine" Männer noch eine sehr wichtige Botschaft an Sie, liebe Leserinnen, mitgegeben: „Sag den Frauen bitte, dass sie öfters von Ehefrau und Mutter auf Geliebte umschalten sollen." Was meinen sie damit? Wenn sich zwei Menschen bereits seit längerer Zeit in einer Beziehung miteinander befinden, schleicht sich langsam, aber sicher eine gewisse unvermeidliche Routine ein. Ein Ausdruck dieser Routine ist natürlich, dass die sexuelle Anziehung an Intensität verliert. Der „Reiz des Neuen", der Männer (aber natürlich auch Frauen) dazu verführt, sich auf eine Affäre außerhalb ihrer festen Beziehung einzulassen, entspringt genau dieser Routine. Die Männer, mit denen ich bisher gesprochen habe, wissen die Sicherheit, die Vertrautheit, die mit einer festen Beziehung einhergeht, durchaus zu schätzen. Sie hat für sie einen hohen Stellenwert. Dass Routine, die manchmal auch die Gefahr der Langeweile in sich birgt, ein unausweichlicher Nebeneffekt ist, akzeptieren sie deshalb. Aber sie wünschen sich, dass diese Routine zumindest manchmal durchbrochen wird, dass sie ab und zu aufs Neue gereizt, versucht, verführt werden. Sehen Sie Erotik und Sex als Spiel. Und Spiele haben es so an sich, dass sie etwas anderes, Bunteres, Verrückteres sind als die oftmals eintönige, graue Realität. Wir alle brauchen das Spiel, um den Alltag hinter uns zu lassen, benötigen das Eintauchen in eine Fantasiewelt, um durchzuatmen. Lassen Sie den Ernst und die Sorgen des Lebens also für ein paar Stunden draußen vor Ihrer Schlafzimmertür. Vergessen Sie Job und Kinder und seien Sie wieder einmal nichts als Geliebte und Verführerin.

Das Beziehungskonto

Das Gleiche ist nicht dasselbe. Das klingt banal, ist es aber nicht. Denn in Beziehungen zwischen Männern und Frauen werden gleiche Dinge oft sehr unterschiedlich bewertet. Ich möchte das mit einem Beispiel illustrieren. Ich habe ein Notizbuch mit einer am Rand angenähten Gummilasche, in die man einen Schreibstift stecken kann. Diese Gummilasche war nach einiger Zeit durch das oftmalige Herausnehmen und Hineinstecken des Stiftes ganz ausgeleiert. Der Bleistift, den ich zum Schreiben verwende, ist immer wieder herausgefallen. Das hat mich ziemlich genervt. Meine Frau hat das mitbekommen. Irgendwann hat sie dann mein Notizbuch zur Hand genommen und sich mit Nadel und Faden über die Halterung hergemacht. Nach drei, vier Stichen war die Gummilasche eng genug, sodass der Stift nicht mehr herausrutschen konnte. Ich habe mich sehr darüber gefreut und meiner Frau gleich 10 Punkte auf meinem Beziehungskonto gutgeschrieben. Als ich ihr das sagte, musste sie lachen und antwortete mir: „Das war doch nur eine Kleinigkeit, August! Dafür hätte ich höchstens einen Punkt gutgeschrieben."

Sie merken wahrscheinlich schon, worauf es mir bei diesem Beispiel ankommt. Die Bedeutung einer Leistung entspringt nicht der Perspektive desjenigen, der sie erbringt. Bewertet wird sie vielmehr von demjenigen, für den sie erbracht wird. Für einen selbst können die Dinge, die man für den anderen leistet, Kleinigkeiten sein. Aber das Gegenüber empfindet diese Kleinigkeiten oft als wichtig. Denn entweder kann er (oder sie) genau diese eine Sache nicht und ist daher auf

Hilfe angewiesen. Oder er ärgert sich gerade mit einer Sache herum und verstellt sich aus lauter Ärger den Blick auf die Lösung. Dann ist er froh, wenn jemand kommt, der das Ganze aus einer anderen Perspektive sieht und schnell zu einer Lösung findet.

In der Beziehung zwischen Mann und Frau werden gleiche Dinge oft sehr unterschiedlich bewertet.

Derjenige, dem geholfen wurde, schreibt daher eine große Zahl von Punkten auf dem Beziehungskonto gut. Natürlich werden nicht wirklich Punkte auf einem echten Konto eingetragen. Das Beziehungskonto hat eher eine symbolische Bedeutung. Sie liegt darin, dass Menschen die Dinge, die andere für sie tun (oder unterlassen), bewerten. Und je nachdem, wie diese Bewertungen ausfallen, befinden wir uns unserem Partner gegenüber „in Führung", „im Rückstand" oder liegen „gleichauf". Unbewusst rechnen wir alle aber mit und achten darauf, dass wir nicht mehr ausgeben, als auf dieses imaginäre Konto eingezahlt wird.

Es geht aber nicht immer nur um nützliche Leistungen, die in einer Beziehung zwischen zwei Menschen (es müssen nicht unbedingt Partner sein) den gegenseitigen Respekt und die Sympathien füreinander fördern. Was für den einen Menschen bedeutsam ist und ihn freut, weil es ihm hilft, kann für den anderen Menschen eine Leistung ohne praktischen Nutzen sein, die eher symbolischen Charakter hat. Damit ist sie aber trotzdem sinnvoll. Gerade die Kraft der Symbole dürfen wir nicht unterschätzen. Denn da sie auf der emotionalen Ebene wirken, wirken sie besonders stark.

Ich möchte das wieder an einem Beispiel veranschaulichen. Ich habe einmal einen Schuldirektor kennen gelernt. Dieser Direktor hat eine Sekretärin, die ihn immer darauf aufmerksam macht, wenn wichtige Geburtstage oder andere Anlässe bevorstehen. Sie hat ihm zum Beispiel gesagt: „Herr Direktor, morgen sollten Sie Blumen kaufen, denn die Frau Professor Mayer hat Geburtstag." Nachdem ich ihm vom Beziehungskonto erzählt habe, hat er einen riesigen Strauß Blumen gekauft. Er ist zu seiner Sekretärin gegangen und hat sich bei ihr dafür bedankt, dass sie ihn immer an seine Termine erinnert. Außerdem hat er zu ihr gesagt, dass er ohne ihre Hinweise schon längst den Überblick verloren hätte. Sie können sich vorstellen, wie überrascht seine Sekretärin gewesen ist. Denn normalerweise bekommt sie nur zu ihrem Geburtstag Blumen von ihrem Chef. Für sie war das eine ganz wichtige Geste, die sie auf ihrem Beziehungskonto hoch bewertet hat. Denn, so hat mir der Direktor später einmal erzählt, in den nächsten Tagen und Wochen wirkte seine Sekretärin viel zufriedener als davor und war noch engagierter als sonst.

Es ist wichtig, dass wir uns regelmäßig miteinander über unseren Kontostand austauschen. Es genügt nicht, Leistungen füreinander zu erbringen, wenn wir nicht wissen, wie sie bewertet werden. Eine Beziehung kann nur dann funktionieren, wenn wir wissen, welchen Wert wir den Dingen beimessen. Fragen Sie Ihren Partner, wie er all das bewertet, was er für Sie tut. Und klären Sie ihn darüber auf, welche Dinge für

Sie wichtig, welche weniger wichtig und welche gar nicht von Bedeutung sind. Ermuntern Sie ihn, auch seine Bewertungen in Bezug auf all das, was Sie für ihn tun, zu äußern. Viele Menschen leben in der Illusion, doch „eh so viel für den anderen zu tun", und wissen dabei nicht einmal, ob diese Taten überhaupt geschätzt werden.

Was passiert eigentlich, wenn eine Beziehung in die Brüche geht, aber am Beziehungskonto ein Punkteungleichgewicht herrscht? Ich kenne eine junge Frau, die sich jahrelang von ihrem Mann trennen wollte, es aber lange Zeit nicht geschafft hat. Die Beziehung war am Ende, aber es ist ihr trotzdem nicht gelungen, einen Schlussstrich zu ziehen. Dies nicht deshalb, weil sie vielleicht noch an ihrem Mann gehangen wäre. Nein, es lag am Beziehungskonto. Sie hat zu mir gesagt: „August, ich weiß, dass ich mich von meinem Mann trennen muss. Aber ich habe so viel in unsere Beziehung investiert." Auf der Seite ihrer Leistungen standen aus ihrer Sicht etwa 1 000, auf der Seite ihres Partners 20 Punkte. In dieser Situation die Beziehung zu beenden wäre für sie so gewesen, als ob sie in Konkurs gehen würde. Und wer geht schon gerne in Konkurs? Dieser Jungen Frau ist es unendlich schwer gefallen, loszulassen. Sie hat darauf gehofft, noch irgendetwas zu bekommen, damit sie nicht ganz leer ausgeht. Aber es ist leider nichts mehr gekommen.

Wir sollten darauf achten, dass nach Möglichkeit immer nahezu Punktegleichstand auf unseren Beziehungskonten herrscht. Das ist auch deshalb nicht ganz einfach, weil Männer und Frauen unterschiedlich saldieren. Meine Erfahrung hat gezeigt, dass eine

Frau bei einem Stand von 40 zu 30 Punkten die 30 Punkte auf ihrem Konto (die also den Leistungen ihres Partners entsprechen) von ihren eigenen 40 Punkten (also den Leistungen, die sie erbracht hat) abzieht. Dann steht sie aber plötzlich vor dem Punktestand 10 zu 0 und denkt sich: Er tut nichts (oder zu wenig) für mich. Männer hingegen saldieren anders. Sie sehen den Punktestand von 40 zu 30 und denken sich: Na ja, ich bin zwar ein wenig im Rückstand, aber eigentlich liegen wir mehr oder weniger gleichauf. Dieser Stand ist für einen Mann also noch nicht bedrohlich, während er aus Sicht der Frau alles andere als positiv erscheint.

Männer saldieren das Beziehungskonto anders als Frauen.

Es ist eines der wesentlichen Geheimnisse einer funktionierenden Beziehung, dass wir auf diesen Punktegleichstand auf dem Beziehungskonto achten. Das erfordert neben Offenheit zueinander auch Aufmerksamkeit und Einfühlungsvermögen für die Bedürfnisse und Erwartungen des anderen. Es geht hier nicht darum, „Leistungen" zu vergleichen und Liebe zu quantifizieren wie ein Buchhalter, um nur ja nicht über den Tisch gezogen zu werden. Jede Beziehung befindet sich in einem schwebenden Zustand. Keine ist ein für alle Mal einzementiert. Sie muss jeden Tag aufs Neue ausbalanciert werden. Das erfordert den Einsatz beider Partner. Sie sollten nicht versuchen, die Leistungen des anderen mit Ihren eigenen zu vergleichen, um festzustellen, ob Sie gut dabei aussteigen. Nein, ganz im Gegenteil: Ihr Augenmerk sollte vielmehr darauf gerichtet sein, zu überprüfen, wie Ihre eigenen Leistungen ausfallen, ob Sie sich redlich bemühen, genügend Punkte auf das Beziehungskonto Ihres Partners „einzuzahlen".

Die zwei Geheimnisse von Männern und Frauen

Frauen haben ein Geheimnis. Sie sind mächtig, aber die Männer dürfen das nicht wissen. Einen Moment: Sind Frauen wirklich mächtig? Die Gleichberechtigung der beiden Geschlechter ist in unserer Gesellschaft zwar per Gesetz festgeschrieben, in der Realität sind Frauen aber noch immer nicht mit uns Männern gleichgestellt. Diese Tatsache findet ihren Niederschlag in vielen Bereichen. Wichtige (und auch weniger wichtige) Ämter in Politik, Wirtschaft und Kultur sind mehrheitlich von Männern besetzt. Ich sage bewusst „besetzt", denn viele Männer sitzen auf „ihrem" Platz, ohne die Funktion, die damit verbunden ist, kompetent und verantwortungsvoll auszufüllen. Aber sie wehren sich mit allen Mitteln dagegen, diese Plätze zu räumen. So genannte Männerseilschaften ermöglichen es ihren Mitgliedern, sich gegenseitig Posten zuzuschanzen. Kolleginnen werden noch immer mehrheitlich über ihr Äußeres und nur selten über ihre Kompetenz und ihre Leistungen wahrgenommen. Dass Frauen im Durchschnitt in denselben Positionen beziehungsweise für vergleichbare Leistungen weniger bezahlt bekommen als Männer, ist Tatsache und ein weiterer Ausdruck der nicht vorhandenen Gleichberechtigung der beiden Geschlechter.

Trotzdem bleibe ich bei meiner Aussage: Frauen sind mächtig. Sie wissen, wie sie uns Männer um den Finger wickeln können. Im Prinzip bekommen sie das, was sie wollen. Mit den „Waffen einer Frau" kann diese alles kriegen. Nein, ich spreche nicht nur von Sex. Denn der ist nur ein, zugegeben plakatives, Beispiel. Vielleicht haben wir Männer die Frauen durch unsere Seilschaften so sehr in die Defensive gedrängt, dass sie genötigt sind, solch drastische Mittel zu ergreifen. Aus meiner Sicht jedenfalls haben Frauen oft keine andere Wahl, als ihre Weiblichkeit, ihre Erotik, ihr Äußeres einzusetzen, um ihre Ziele zu erreichen. Denn aufgrund ihrer fachlichen Fähigkeiten werden sie leider nicht im gleichen Maß ernst genommen.

Frauen sind mächtig, aber wir Männer dürfen es nicht wissen.

Es könnte aber auch anders sein. Es ist durchaus möglich, dass Frauen ihren Sexappeal einsetzen, ohne dass sie durch die gesellschaftlichen Verhältnisse dazu gezwungen sind. Wir Männer sind anfällig für Äußerlichkeiten, das können wir nicht verleugnen. Frauen wissen das. Und gerade deshalb setzen viele von ihnen auf diese Karte. Warum sollten sie es auch nicht tun, wenn es doch so wunderbar funktioniert? Wozu sollten sie sich anstrengen, wenn sie das, was sie wollen, ohne den Einsatz von Blut und Schweiß bekommen können?

Frauen bringen ganz andere Trümpfe ins Spiel, wenn es darum geht, Männer dazu zu bringen, etwas Bestimmtes zu tun. Viele dieser Tricks funktionieren über die emotionale Ebene. Da Frauen es sich – im Unterschied zu Männern – leisten können, sich schwach zu geben, erweitert das ihre Möglichkeiten ungemein. Die Schriftstellerin Esther Vilar beschreibt in einem ihrer Bücher die Situation einer Autopanne. Eine Frau steht am Straßenrand und hat ein defektes Fahrzeug. Ein Mann, unterwegs ins Büro, bleibt neben ihr stehen. Sie gibt sich schwach und hilflos. Er, ganz Held, steigt selbstbewusst und energiegeladen aus dem Auto. Sie gibt ihm zu verstehen, dass sie ohne seine Hilfe aufgeschmissen wäre. Er zieht sein Sakko aus und beginnt mit der Reparatur. Und das, obwohl er eigentlich einen wichtigen Termin hätte und schon spät dran ist. Nach vollendeter Reparatur fährt er weiter. Er hat sich zwar ein sinnlich gehauchtes „Dankeschön!" verdient, dafür aber das Hemd zerfetzt und die Finger dreckig gemacht. Er wird verschwitzt und viel zu spät ins Büro kommen und bei seinem Chef und seinen Kunden unten durch sein. Die Frau kommt ins Büro, hat sich die Kosten für einen Abschleppdienst erspart, ihre Kleidung ist in tadellosem Zustand. Sollte sie sich verspätet haben, wird sie erzählen, dass sie eine Autopanne gehabt hat. Alle werden sie bemitleiden, vor allem ihr Chef, denn natürlich weiß auch er. Frauen und Autos, das allein ist schon schlimm genug. Aber wenn es dann auch noch zu einer Panne kommt ...

Frauen müssen nicht lernen, Reifen zu wechseln und stecken gebliebene Autos zu reparieren. Es genügt, dass sie lernen, hilflos dreinzublicken und auf das nach wie vor existierende Ideal des stolzen Ritters zu setzen, welcher der armen Jungfrau in Not jederzeit zu Hilfe kommt. So kann die Schwache den Starken bezwingen, zumindest aber für ihre Zwecke einsetzen. Und das ist noch viel schlimmer, als ihn bloß zu besiegen. Am schlimmsten daran ist die Tatsache, dass der Verlierer seine Niederlage auch noch als einen Sieg, das Ausgenutzt-worden-Sein als seine eigene, freiwillige Heldentat wahrnimmt. In einer Fernsehdokumentation habe ich gesehen, was passiert, wenn einem Mann oder einer Frau eine Tüte voller Orangen hinunterfällt. Dem Mann hat niemand geholfen, der Frau sind einige Männer zu Hilfe geeilt.

Die Steigerung der „Ich bin so schwach, bitte hilf mir"-Strategie beruht auf dem Einsatz eines ganz besonderen Requisites: Tränen. Wenn eine Frau zur Rolle der Hilflosigkeit, die sie gekonnt zu spielen vermag, auch noch den feuchten Glanz der Verzweiflung auf ihre Augen zaubert, ist es um jeden „echten" Mann geschehen. Welcher Ritter kann schon widerstehen, wenn die Jungfrau in Tränen ausbricht, weil sie der böse Drache nicht bloß gefangen hält, sondern kurz davorsteht, seine grässlichen Kiefer in ihrem zarten Fleisch zu vergraben?

Auf der einen Seite beneiden wir Männer die Frauen, weil sie die Tränen unkontrolliert fließen lassen können und dürfen. Weinen ist sehr heilsam und befreiend. Auf der anderen Seite können wir Männer schlecht damit umgehen, wenn Frauen weinen, um den innerlichen Druck loszuwerden. Manchmal weinen sie aus Zorn. Das macht uns einfach nur hilflos. Statt selber zu weinen, reagieren wir aggressiv. Viele Frauen verwirrt diese Art von Doppelbotschaft.

Die folgende Geschichte wird sich in der Realität wohl eher selten abspielen. Dazu sind wir Männer in unserem Verhalten gegenüber Frauen viel zu einfach gestrickt. Vor einigen Jahren hat es einen Werbespot eines amerikanischen Paketzustelldienstes gegeben. Darin sollte gezeigt werden, dass die Mitarbeiter dieses Dienstes ihrer Arbeit so ehrgeizig und pflichtbewusst nachgehen, dass sie sich durch nichts und niemanden von ihrer Mission abbringen lassen. Gezeigt wurde ein Lieferant dieses Zustelldienstes, der in seinem LKW mit hoher Geschwindigkeit eine Wüstenstraße entlangdonnert. Zwischen die verschiedenen Einstellungen des Fahrers und seines LKW wurden immer wieder Bilder einer sehr attraktiven jungen Frau geschnitten. Diese Frau steht am Straßenrand und bemerkt, dass sich ihr ein LKW nähert. Sie macht ihr Haar zurecht, zupft an ihrer Bluse und an ihrem Minirock. Nicht, dass sie das nötig hätte, denn auch ohne diese kosmetischen Eingriffe sieht sie atemberaubend schön aus. Der Wechsel der beiden Kameraperspektiven (LKW/Frau) wird immer schneller, je näher der Fahrer der Autostopperin kommt. Und dann passiert es plötzlich: Anstatt stehen zu bleiben, fährt der Zusteller einfach mit unvermindertem Tempo an der Frau vorbei, ohne sie auch nur eines Blickes zu würdigen. Die Frau starrt ihm ungläubig nach und alle Männer, die diesen Spot sehen, mit ihr. Alle fragen sich: Wie kannst du nur?!? Dann wird die „Lösung" dieses Werbefilms eingeblendet: der Name des Zustelldienstes und folgender Satz: „We only stop at red lights." („Wir halten nur bei Ampeln, die Rot zeigen.")

Zu den für die Männer unsympathischen Machtspielen von Frauen gehören diejenigen, die auf Liebesentzug und auf der Verweigerung von Sex aufbauen. Frauen wissen, wie viel Männern an Sex liegt. Wenn es einen wunden Punkt gibt, an dem Männer zu knacken sind, dann ist es dieser. Vergessen Sie alles, was Sie jemals über Stolz und Ehre gelesen haben. Wenn ein Mann – oder besser: sein Penis – Witterung aufgenommen hat, ist seinem Besitzer nichts mehr zu blöd, um an sein Ziel zu gelangen. Männer sind bereit, sich wie Idioten zu verhalten, wenn sie glauben, kurz vor dem Ziel ihrer sexuellen Träume zu stehen.

Männer sind bereit, sich wie Idioten zu verhalten, wenn sie glauben, kurz vor dem Ziel ihrer sexuellen Träume zu stehen.

Ist es unmoralisch, dass Frauen uns Männer „bei unserem besten Stück packen"? Ich denke nicht. Denn wir Männer sind auch nicht gerade zimperlich, wenn es darum geht, unsere Ziele zu verwirklichen. Nicht selten sind wir bereit, über Leichen zu gehen. Wir sind hart im Geben. Und wer sich uns in den Weg stellt, wird unsere Härte spüren. Wir scheuen keine Auseinandersetzung. Und oft sieht es so aus, als würden wir sie sogar absichtlich suchen, nur um uns gegenseitig zu zeigen, dass wir nichts und niemanden fürchten. Aber entspricht das tatsächlich unserer inneren Wahrheit?

Auch wir Männer haben ein Geheimnis. Wir haben Angst und sind unsicher – und die Frauen dürfen es nicht wissen. Vielleicht versuchen wir deshalb, Frauen auf Distanz, in sicherer Entfernung zu den männlich besetzten Machtpositionen zu halten. Männer sind eigentlich gar nicht so stark, wie sie behaupten, ganz zu schweigen von unbesiegbar. Sie sind genauso sensibel und verletzlich wie Frauen. Warum sollte das auch anders sein? Und dieses Geheimnis dürfen Frauen unter keinen Umständen lüften. Gerade weil Männer nach außen hin immer die Starken mimen, dürfen sie sich keine Blöße geben. Zumindest glauben sie das. Denn würden sie zugeben, dass auch sie ihre Ängste und Zweifel haben, wären sie in Gefahr.

Ein nicht unwesentlicher Grund dafür, warum Männer gewisse Positionen innehaben, ist die von ihnen perfekt beherrschte Fähigkeit zu bluffen. Es ist eine Eigenschaft, die sie von klein auf trainieren. Schon als kleinen Jungs wird ihnen eingebläut, nur ja nichts von ihren Schwächen nach außen dringen zu lassen. „Ein Indianer kennt keinen Schmerz!", sagt der Vater zu seinem Sohn, der sich beim Spielen das Knie aufgeschürft hat und am liebsten losbrüllen würde. Denn natürlich tut es furchtbar weh. Was macht ein männlicher Jugendlicher, wenn er Selbstzweifel hat, weil er nicht weiß, was er eigentlich will, wohin er sich entwickeln soll, welche Ausbildung er machen, welchen Beruf er ergreifen soll? Wie verhält er sich, wenn er Pickel bekommt, seine erste Freundin ihn verlässt und er mit sich und der Welt im Clinch liegt? Weint er sich bei seinen Freunden aus und lässt sich von ihnen trösten? Nein, er geht auf ein Bier. Meistens werden es einige mehr. Mit jedem Schluck spült er ein Stück seines Schmerzes hinunter. Er gibt den starken Mann, den nichts erschüttern kann, betrinkt sich sinnlos und fährt mit dem Auto in lebensgefährlicher Geschwindigkeit durch die Gegend.

Männer spielen die erfolgreichen und selbstsicheren Typen, die nichts aus der Ruhe bringen kann. Und sie spielen diese Rolle so gut, dass sie damit durchkommen – zumindest voreinander. Dennoch: „Hunde, die bellen, beißen nicht", sagt ein bekanntes Sprichwort, und es lässt sich auf viele Männer anwenden. Die Drohgebärden unserer animalischen Vorfahren haben wir in Machtsymbole umgewandelt, die den Konkurrenten unsere Stärke zeigen sollen: luxuriöse Autos, teure Anzüge und edle Accessoires, aber vor allem große Worte, mit denen wir unsere Mitbewerber beeindrucken und in die Knie zwingen wollen.

Das Kriegsgeschrei dient dazu, den Feind einzuschüchtern. Aber das ist nur die Hälfte der Wahrheit. Denn Ethnologen behaupten, dass das laute Brüllen beim Ansturm gegen die Feinde auch dem Krieger selbst Mut machen soll. Durch sein Geschrei hält er sich selbst davon ab nachzudenken. Denn würde er während des Angriffs ins Grübeln kommen, könnte ihm vielleicht einfallen, wie schwachsinnig es in Wahrheit ist, gegen andere bewaffnete Menschen loszustürmen. Denn die Chancen stehen ziemlich gut, dass er dabei sterben wird.

Wir Männer mögen die Welt auch noch so sehr mit unserer angeblichen Stärke beeindrucken wollen. In Wahrheit zittern wir permanent und fürchten um unsere Machtpositionen, um unsere Besitztümer, um unseren Einfluss. Und nicht mehr nur die Konkurrenz der anderen Männer erscheint uns bedrohlich. Denn die sind ein „Feind", den wir kennen, weil er uns selbst so ähnlich ist. Jetzt fürchten wir auch noch die Konkurrenz der Frauen. Insgeheim wissen wir nämlich, dass sie uns mindestens ebenbürtig, wenn nicht sogar überlegen sind. Sie haben es nicht nötig, den „starken Mann" zu mimen. Wenn sie unsere Jobs machen würden, könnten sie sich ganz auf ihre Arbeit und auf deren Anforderungen konzentrieren. Sie bräuchten nichts von ihrer Zeit und ihrer körperlichen, geistigen und kreativen Energie ans Bellen verschwenden, mit dem wir so viele Ressourcen vergeuden. Die Frauen hätten es nicht nötig, sich gegenseitig in Grund und Boden zu bluffen. Sie würden durch Kompetenz, Fleiß und offene Kommunikation überzeugen. Die Männer haben erkannt, dass es schon lang keinen vernünftigen Grund mehr dafür gibt, dass Frauen nicht in Führungspositionen sitzen, auf den Plätzen, auf denen es sich noch immer mehrheitlich Männer gemütlich machen. Und deshalb hüten die Männer das Geheimnis ihrer Schwäche und Unsicherheit, ihren größten Fehler, so, als wäre er ihr größter Schatz.

Der verletzte Mann

Wehe dem, der es wagt, einen Mann zu verletzen! Die Wunden, die man einem Mann schlagen kann, gehen tief. Denn im Normalfall ist er unverwundbar. Oder er hält sich zumindest dafür. Darum sind alle sichtbaren Verletzungen, die man einem Mann bereiten kann, schwer.

Aber was genau geschieht da eigentlich, wenn man einen Mann verletzt? Sein Körper hält schier unerträgliche Qualen aus. Und selbst dann, wenn er sie schon längst nicht mehr aushalten dürfte, behauptet er das Gegenteil. Männer beißen sich durch. Die Verwundbarkeit muss also anderswo gesucht werden. Die Mitglieder des „starken Geschlechts" sind – ich habe bereits mit anders lautenden Gerüchten aufgeräumt – sensible Menschen. Ich behaupte sogar: Sie sind sensibler als Frauen, denn sie dürfen ihren Schmerz nicht offen zur Schau tragen und leiden deshalb noch viel mehr.

Wie gerne würden wir Männer einfach drauflosheulen, nicht nur dann, wenn wir uns (was so gut wie nie passiert) mit dem Hammer auf den Daumen schlagen. Nein, auch bei seelischen Verletzungen durch unsere Vorgesetzten und Kollegen, durch Spötteleien unserer Verwandten und Freunde, durch Lieblosigkeiten unserer Partnerinnen oder durch die Welt im Allgemeinen. Ja, auch wir Männer leiden manchmal am Eindruck der Sinnlosigkeit, den viele Dinge auf diesem Planeten bei uns hinterlassen. Weltschmerz ist kein Privileg von Pubertierenden. Auch Männer können ihre Krisen haben. Und sie sehnen sich danach, diese ungehindert und vor allem ungeniert auszuleben.

Kritik ist schön und gut. Und sie ist zulässig, wenn sie den Tatsachen entspricht. Unzutreffende Kritik kann uns nicht verletzen. Wie sollte sie auch? Was uns aber verletzt, ist die Art und Weise, in der Kritik vorgetragen wird. Ganz egal, ob sie zutrifft oder nicht, wenn sie unsensibel formuliert wird, trifft sie uns auf jeden Fall.

Ich habe schon erwähnt, dass ungebetene Hilfe einen Mann aus dem Gleichgewicht bringen kann. Denn sie kann seine Autorität als Mann untergraben. Dass sie gut gemeint ist, tut dabei nichts zur Sache. Es geht aber nicht nur um Angebote zur handwerklichen Unterstützung. Auf einen Mann könnte selbst der Versuch, ihm etwas zu erklären, beleidigend wirken. Denn dadurch signalisieren Sie ihm: Du hast die Sache nicht im Griff. Ich muss dir erklären, wie sie funktioniert. Gnade Ihnen, wenn Sie das wagen!

Ein Mann ist nicht nur unverwundbar – zumindest bis zu dem Zeitpunkt, wo das Gegenteil bewiesen wird. Er hat auch alles im Griff. Die Technik beherrscht er ohnedies, denn schließlich hat er sie ja auch erfunden. Und was die Ideen und logischen Gedankengänge betrifft: Sie sind nichts anderes als (noch) nicht verwirklichte Technik. So heißt es in dem Herbert-Grönemeyer-Lied „Männer" nicht nur:

„Männer haben Muskeln,
Männer sind furchtbar stark",
sondern auch:
„Männer bauen Raketen,
Männer machen alles ganz, ganz genau."

(Dass auch Grönemeyer die Frage, wann ein Mann eigentlich ein Mann ist, nicht beantworten kann, ist eine andere Geschichte.)

Von klein auf werden Männer darauf hintrainiert, durchzukommen. Schmerzfrei kämpfen sie sich durch eine Welt, die immer wieder gnadenlos ihre Schläge austeilt. Probleme suchen sie aktiv – je größer, desto besser –, um sie zu lösen. Wo sie keine technischen Geräte konstruieren, um die Welt in den Griff zu bekommen, erfinden sie zumindest Instrumente, um das bisher Unmessbare messbar zu machen. Und dann bringen sie es erst recht wieder unter ihre Kontrolle. Dort, wo es nichts Reales zu schaffen gibt, schlagen sie sich mit der Machete ihres Verstandes einen Pfad durch die verwachsene Wildnis theoretischer Probleme.

Wenn Sie einem Mann eine Problemlösung anbieten, wird er Sie hassen. Einerseits deshalb, weil sie ihm seine Unfähigkeit vor Augen führen. Andererseits deswegen, weil Sie ihm um den Bruchteil einer Sekunde zuvorgekommen sind. Denn einen Augenblick später hätte er – ganz bestimmt – selbst die Lösung für sein Problem gefunden. Sie frohlocken, wenn das Gerät wieder funktioniert, ganz egal, wie die Reparatur zustande gekommen ist. Für Ihren Mann geht es nicht um das vollendete Stück und die Harmonie der Welt, die wiederhergestellt wurde. Sobald das kaputte Teil wieder ganz ist, verliert er sein Interesse daran und wendet sich neuen Aufgaben zu. Durch Ihre Unterstützung beim Erarbeiten der Lösung haben Sie ihm also genau das genommen, weswegen er sich dem Problem überhaupt zugewandt hatte. Sie haben ihn, einfach ausgedrückt, um sein Vergnügen gebracht.

Viele Männer wissen nicht, warum sie verletzt wurden. Das ist paradox, denn es scheint dem männlichen Wesen, den Dingen auf den Grund zu gehen, zu widersprechen. Bei genauer Betrachtung lässt sich jedoch erkennen, dass das nicht zutrifft. Denn hier tritt wieder die sonderbare Logik des Mannes zutage. Gerade weil er sich Verletzungen nicht erlaubt und eingesteht, fehlt ihm auch die Fähigkeit, Wirkungen in diesem Bereich mit ihren Ursachen zu verbinden. Sprachlos steht er vor der eigenen Verletzung, verspürt Ärger und Schmerz und weiß nicht, wen er dafür bestrafen soll. Und dann passiert etwas ziemlich Unfaires: Meistens trägt aus der Sicht des verletzten Mannes nämlich dann diejenige Person die Schuld, die ihm gerade am nächsten steht. Und ist weit und breit niemand zu sehen, dann muss eben die ganze Welt antreten und diese Last auf ihre Schultern nehmen.

Männer sind Troglodyten. Zumindest zeitweise. Ein Troglodyt ist ein Höhlenbewohner. Wenn ein Mann verletzt wird, zieht er sich in seine Höhle zurück. Das heißt, er schmollt, auch wenn er selbst das nicht als schmollen bezeichnen würde. Diese Höhle ist nicht wörtlich zu verstehen. Sie kann alles Mögliche sein. Ein Hobby zum Beispiel, zu dem sich der verletzte Mann flüchtet. Er geht in die Garage und bastelt an seinem Motorrad herum. Oder er steigt ins Auto und fährt in der Gegend umher. Ein anderer wiederum geht in sein Stammcafé und betrinkt sich. Keine Sorge, irgendwann verlässt jeder Mann seine Höhle wieder. Denn auf Dauer hält es dort kaum einer aus. Wenn der Winterschlaf des Beleidigtseins vorbei und seine gute Stimmung zu neuem Leben erwacht ist, verlässt er die Höhle wieder. Dabei redet er sich ein, dass die anderen jetzt lang genug unter seiner Abwesenheit gelitten hätten und es Zeit sei, diese Bestrafung wieder aufzuheben. Denn dadurch kann er sich selbst erklären, warum er jetzt auf einmal wieder zurück ins Freie möchte. Nie würde er sich eingestehen, dass er selbst es ist, der es in der Höhle nicht mehr aushält. Aber wenn man einen verletzten Mann, der sich nach einiger Zeit endlich wieder vor seiner Höhle blicken lässt, gleich wieder verletzt, fängt das Spiel von vorne an.

Während meiner Ausbildung in Gestalttherapie hat mir ein Trainer ein Beispiel für das Verhalten von verletzten Männern erzählt. „Männer", hat er gesagt, „sind wie Schnecken. Wenn man sie an ihren Fühlern oder am Kopf berührt, ziehen sie sich in ihr Schneckenhaus zurück. Erst nach einer gewissen Zeit kommen sie wieder heraus." Einmal hat er eine Schnecke mitgebracht und hat ihr auf den Kopf getippt. Sofort hat sie sich in ihrem Haus verkrochen. Als sie wieder nach draußen gekommen ist, hat er ihr sofort wieder auf den Kopf getippt. Daraufhin ist die Schnecke wieder in ihrem Haus verschwunden. Beim dritten Mal tippen ist sie nicht mehr so schnell herausgekommen.

Männer sind wie Gummibänder. Sie können sich weit entfernen, irgendwann kommen sie doch wieder zurück. Das Spiel aus Nähe und Distanz beherrschen sie perfekt. Sie brauchen ab und zu ihre Einsamkeit, nicht nur wenn sie verletzt worden sind. In den Stunden des Alleinseins ergehen sie sich zwar gerne in Selbstmitleid, aber sie weiden sich auch an dem Gefühl ihrer Unabhängigkeit. Denn dabei fühlen sie sich ganz als Herren über sich selbst. Männer benötigen dieses Gefühl hin und wieder, um sich an sich selbst zu erinnern. Und nur aus der Distanz, aus dem Gefühl der Entfernung zu den anderen, können sie wieder ein Bedürfnis nach Nähe entwickeln und sich auf die Intimität freuen, die mit der Verwirklichung dieser Nähe einhergeht. Haben sie sich aber satt gegessen an der Nähe, ist die Stunde nicht mehr weit, wo es sie wieder in die Ferne zieht.

Wie sollen Sie einem verletzten Mann begegnen? Das Wichtigste zuerst: Versuchen Sie nicht, ihm in seine Höhle zu folgen. Sie könnten Dinge sehen, die Sie nicht sehen wollen, und manches hören, was nicht für Ihr Ohr bestimmt ist. Lassen Sie den verletzten Mann seine Wunden allein lecken. Sie sind nicht die

Einzige, die er in diesem Moment aussperrt. Auch seine Freunde haben jetzt keinen ungehinderten Zugang zu ihm. Geben Sie ihm Zeit dafür, seine Verletzungen zu „genießen“. Ja, auch Männern kann eine Prise Selbstmitleid dann und wann ein angenehmes Gefühl vermitteln. Mit anderen Worten: Lassen Sie ihn in Ruhe!

Vielleicht können Sie es sich aber trotz meiner Warnung nicht verkneifen, Ihren Mann in seiner Höhle aufzusuchen. Für viele Frauen ist es unerträglich, ihrem Partner nicht in seine Höhle folgen zu dürfen. Sie wollen wissen, was mit ihm los ist. Vielleicht schwingt da ja auch ein bisschen schlechtes Gewissen mit, weil sie glauben, dass sie ihm Unrecht getan haben. Wenn eine gewisse Zeit verstrichen ist, mag es auch zulässig sein, ihm zu folgen. Das müssen Sie aus ihrer eigenen Erfahrung heraus beurteilen. Jeder Mann hat seine eigene Verweildauer in der Höhle. Wenn Sie also gewohnt sind, dass es üblicherweise einen halben Tag dauert, bis er sich wieder blicken lässt, und Sie diesmal schon doppelt so lang auf ihn warten, könnte seine Verwundung größer ausgefallen sein. Dann dürfen Sie es wohl riskieren, in sein Rückzugsgebiet einzudringen. Die Gefahr, dass Sie von ihm attackiert werden, schwindet von Stunde zu Stunde.

Trotzdem gilt es, sich ihm vorsichtig zu nähern und zu versuchen, ihn zunächst mit solchen Themen aus seiner Höhle zu „locken“, die nichts mit seiner Verletzung zu tun haben. „Ich brauche deine Hilfe, ich habe da ein Problem mit dem Computer“, zum Beispiel. Oder: „Ich werde jetzt zum Geschäft fahren. Soll ich dir etwas mitbringen?“ Wenn es irgendetwas gibt, von dem Sie wissen, dass er es gerne macht, ist es sinnvoll, ihm genau das anzubieten. Ziel dieser Vorgangsweise ist es, ihm zu signalisieren, dass Sie nicht böse auf ihn sind. Er sollte das Gefühl haben, dass für Sie alles in Ordnung ist. Denn ein nicht unwesentlicher Grund, warum Männer sich nicht so schnell aus ihrer Höhle hervorwagen, liegt an ihrem schlechten Gewissen. Das klingt paradox, ist es aber nicht. Sein schlechtes Gewissen darüber, dass er sich ganz und gar unmännlich in seine Höhle zurückgezogen hat, macht es einem Mann schwer, diese unmittelbar nach Verfliegen seines Ärgers wieder zu verlassen. Wenn Sie ihm durch neutrale Worte und Aussagen signalisieren: „Ich bin dir nicht böse. Es ist alles okay", ist der verletzte Mann leichter bereit, über seinen Schatten zu springen und sich aus der Dunkelheit seiner Höhle zu befreien.

Die Suche nach der richtigen Frau

Wenn Männer sich auf die Suche nach der richtigen Frau machen, haben sie stets (unbewusst) ihre Mutter im Kopf. Um Gottes willen, werden Sie jetzt denken. Nein, keine Angst, das ist ganz normal und keineswegs Ausdruck mangelnder Reife. Sie brauchen sich auch keine Sorgen zu machen, falls Sie Ihrer künftigen Schwiegermutter so rein gar nicht ähnlich sind, weder äußerlich noch was Ihre „inneren Werte" betrifft. Es ist nicht so, dass jeder Mann genau den Typ Frau sucht, den seine Mutter verkörpert. Viele Männer wollen ein Abbild der eigenen Mutter als Partnerin. Andere wiederum nehmen die erste Frau in ihrem Leben zwar als Vorbild – jedoch als abschreckendes. Und vielleicht trifft Letzteres ja gerade auf Ihren Partner zu. Und dann sollten Sie froh sein, seiner Mutter nicht allzu ähnlich zu sein.

Wovon hängt es ab, ob sich ein Mann positiv oder negativ an seiner Mutter orientiert? In Bezug auf die charakterlichen Eigenschaften ist die Erklärung einfach: Wenn ein Mann seine Mutter als einen Menschen erlebt hat, der ihm, anstatt ihm Geborgenheit und Harmonie zu geben, Stress und Unwohlsein bereitet hat, wird er Ausschau nach etwas anderem halten. Er wird dann wahrscheinlich solche Frauen als Partnerinnen bevorzugen, die Ruhe und Sicherheit ausstrahlen. Und in Bezug auf das äußere Erscheinungsbild gibt es sowohl Männer, die den Frauentyp der eigenen Mutter anziehend finden, als auch solche, auf die das nicht zutrifft.

Wonach suchen Männer aber nun konkret, wenn sie sich aufmachen, die richtige Frau zu finden? Die Antwort ist einfach: Männer suchen vor allem eine unkomplizierte Frau. Gemeint ist eine Frau, die Probleme zwar besprechen kann, aber nicht zerreden muss. Für die meisten Männer gibt es nichts Schlimmeres als das endlose Herumkauen auf dem immer gleichen Thema. Es sei denn, es handelt sich um Dinge „weltbewegenden" Ausmaßes, wie die Leistungen von Fußballspielern oder die politische Lage im Land. Über solche Dinge können Männer natürlich stundenlang diskutieren. Und sie würden ihre Diskussionen auf Tage und Wochen ausdehnen, wenn es nicht hin und wieder triviale, aber leider unvermeidliche Dinge zu tun gäbe.

Natürlich hat jeder Mann seine ganz bestimmten Vorstellungen, wenn er Ausschau hält nach einer Partnerin. Verallgemeinernd lässt sich jedoch sagen: Ein Mann, der die Richtige finden will, stellt gänzlich andere Ansprüche als derjenige, der nur auf ein Abenteuer aus ist. Und ob Sie es glauben oder nicht: Diese Ansprüche unterscheiden sich nicht gravierend von denjenigen einer Frau.

Männer suchen als Frau entweder das Ebenbild der Mutter oder ihr Gegenbild.

Männer wollen vertrauen können. Das gilt für Geschäftsbeziehungen und Freundschaften genauso wie für die Beziehung zu einer Frau. Ein Mann, der sich auf eine Partnerin einlässt, will nicht betrogen werden. Ich möchte nicht allzu viel über die natürlichen Hintergründe dieses Bedürfnisses erzählen. Eines nur in Kürze: Biologen meinen beispielsweise, dass dieses Treuebedürfnis darin begründet liegt, dass Männer keine „Kuckuckskinder", also Kinder anderer biologischer Väter, großziehen wollen. Diese Erklärung erscheint mir plausibel.

Die meisten Männer, die mir bisher begegnet sind, legen großen Wert auf Treue. Sie ist der Klebstoff, der eine gute Beziehung zusammenhält. Männer wollen sich fallen lassen und entspannen können. Ein Mann möchte sich keine Sorgen darüber machen müssen, ob seine Partnerin treu ist. Die Angst, hintergangen zu werden, ist für ihn als Mann unerträglich. Sie kann ihm den Schlaf rauben – im wörtlichen Sinne. Männer, die mir erzählt haben, dass ihre Frauen sie betrügen oder dass sie das zumindest vermuten, haben mir auch Folgendes berichtet: Sie liegen stundenlang wach im Bett und können nicht einschlafen, bis ihre Frauen nach Hause kommen.

Jetzt werden Sie vielleicht sagen: Aber Männer sind ziemlich schnell „bei der Sache", wenn es darum geht, mit einer (anderen) Frau ins Bett zu gehen, und brauchen keine lange „Vorlaufzeit". Sie sind flexibler, was ihre Gefühle betrifft, und müssen sich auf eine Frau nicht erst emotional einlassen, um Sex mit ihr haben zu können. Das stimmt wahrscheinlich. Trotzdem wollen Männer – wenn sie sich auf eine Beziehung einlassen – Treue. Das eine schließt das andere nämlich nicht aus. Denn eine Beziehung ist einfach eine andere Kategorie. Es ist eine Sache, ein Singledasein zu führen mit all der Freiheit, auch sexueller, die damit verbunden ist. Aber eine ganz andere Sache ist es, die Verpflichtungen einer festen Bindung einzugehen. Wenn ein Mann das tut, will er die gleiche Zusage auch von der Frau. Auch Männer können ziemlich eifersüchtig sein.

Meistens suchen sie bei Frauen das, was sie bei ihren (männlichen) Freunden nicht finden, zumindest nicht im umfassenden Sinne: Zärtlichkeit, nicht zu verwechseln mit Sex. Aber auch den finden sie üblicherweise bei der Partnerin und nicht bei ihren Kumpels. Männer schätzen gebildete und intelligente Frauen. Aber vielen Männern machen solche Frauen auch Angst, vor allem, wenn sie selbst weniger gebildet sind. Denn unbewusst befürchten sie, dass Frauen, die ihnen überlegen sind, sich früher oder später einen anderen Mann suchen werden. Die meisten Männer wollen vielleicht auch deshalb eher eine Frau, die hauptsächlich ihre emotionalen Bedürfnisse nach Liebe und Geborgenheit befriedigt, und nicht eine „Intellektuelle". Es gibt den Machospruch: „Wenn ich reden will, gehe ich mit meinen Kumpels auf ein Bier." Natürlich ist das zu platt, denn kein Mann will eine dumme Frau – vorausgesetzt er kann überhaupt eine intelligente bekommen. Aber die Intelligenz einer Frau steht für die meisten Männer nicht im Vordergrund. Zärtlichkeit und Sicherheit bei der Partnerin rangieren für einen Mann auf einer höheren Stufe als ihre Eignung als Diskussionsteilnehmerin. Das hat nichts mit Geringschätzung von Frauen durch uns Männer zu tun. Der Grund liegt ganz woanders: Diskutieren ist schön und gut. Männer können das bis in die Morgenstunden hinein. Aber wenn es ans „Eingemachte" geht, um unsere Gefühle, zählen nun einmal ganz andere Werte.

Ich denke, Männer suchen am ehesten Frauen, die „rund" sind. Damit meine ich keine „Rubens-Ladys", wie weniger schlanke Frauen manchmal beschönigend genannt werden. Als einen „runden" Menschen bezeichne ich vielmehr einen, der in sicht ruht, der nicht nervös ist und seine Umgebung nervös macht. Mag sein, dass es auch Männer gibt, die einen solchen Typ Frau interessant finden. Denn immerhin stellt er ja eine Aufgabe, ein Problem dar, und Männer lösen bekanntlich gerne Probleme. Die meisten Männer empfinden aber Frauen, die nicht wissen, was sie wollen, und sich darüber selbst zerfleischen, als anstrengend.

Eine Wesenseigenschaft, welche die richtige Frau auszeichnet, ist Geduld. Und davon braucht sie jede Menge. Wir Männer sind eine eigenartige Spezies und können uns oft kaum selbst ertragen. Deshalb benötigen wir eine Partnerin an unserer Seite, die noch mehr

Geduld mit uns hat als wir selbst. Die richtige Frau hat in Bezug auf die typisch männliche Kompliziertheit die Fähigkeiten einer Schachspielerin. Idealerweise ist sie uns und unseren Verschrobenheiten immer ein paar Züge voraus. Sie weiß schon jetzt, was wir im übernächsten Satz sagen, was wir in den nächsten fünf Minuten tun werden. Und sie reagiert vorausschauend – geduldig – auf unsere Handlungen. Damit federt sie eine Menge an Unebenheiten ab, die dem männlichen Wesen eigen sind wie die Schlaglöcher einer süditalienischen Landstraße.

Da bei weitem nicht alles leicht zu verdauen ist, was wir Männer unseren Frauen täglich zumuten, braucht „Mrs. Right" vor allem eines: eine große Portion Humor. Ohne ihn wird es keine Frau lang in der Nähe eines Mannes aushalten, egal ob es sich dabei um ihren Partner, ihren Bruder oder ihren Vater handelt. Männer suchen unbedingt solche Frauen, die Humor haben. Und sie wünschen sich Partnerinnen, die Verständnis für die männliche Art von Humor zeigen, auch wenn sich diese nicht immer mit derjenigen von Frauen deckt.

Zwei Arten von Beziehungen mit Männern

Bestimmt kennen Sie das Märchen von Hänsel und Gretel. Die beiden Geschwister werden von ihren Eltern im Wald ausgesetzt, weil diese sie nicht mehr ernähren können. Das ist eigentlich eine ziemlich brutale Geschichte. Denn dadurch sind die beiden Kinder erst recht dem Verhungern ausgeliefert. Aber sie bekommen ein wenig zu essen mit. Hänsel zerkrümelt sein Brot und markiert den Weg, um aus dem Wald zurück nach Hause zu finden. Aber die Vögel fressen die Brotkrümel auf und so sind die beiden Kinder zunächst im Wald verloren.

Sie wissen bestimmt, wie die Geschichte ausgeht, daher erspare ich Ihnen die Details. Anhand des Beispiels von Hänsel und Gretel möchte ich Ihnen etwas Bestimmtes vor Augen führen: Viele Paare leben eine Beziehung wie zwei Geschwister, wie Hänsel und Gretel. Es ist eine Beziehung, die auf gegenseitigem Vertrauen aufgebaut ist. Jeder von beiden kann sich zu 100 Prozent auf den anderen verlassen. Das ist natürlich wunderbar, denn in einer solchen Beziehung fühlt man sich geborgen und sicher. Alles ist unter Kontrolle.

Andererseits ist die Leidenschaft, die ein wichtiger Bestandteil einer funktionierenden Beziehung ist, in einer Hänsel-und-Gretel-Beziehung längst verflogen. Bruder und Schwester mögen geschwisterliche Liebe füreinander empfinden, wahre Leidenschaft entbrennt selten zwischen den beiden. Für Geschwister ist das auch in Ordnung so. Aber zwischen Mann und Frau sollte das Feuer schon ab und zu auflodern, selbst wenn sie schon lang zusammen sind.

Der Gegenentwurf, das andere Extrem, ist die „Amour fou", wie die Franzosen sagen: eine „verrückte Liebe" voller Leidenschaft, eine Liebe, die es eigentlich nicht geben dürfte. Ein Beispiel für eine solche Liebe sind Cäsar und Kleopatra. Die Herrscherin Ägyptens (69 bis 30 vor Christus) und der römische Imperator (100 bis 44 vor Christus) begegneten einander in Ägypten.

Kleopatra hatte Cäsar um Hilfe im Machtkampf gegen ihren älteren Bruder Ptolemaios XIII. gebeten. Cäsar kam, sah, half und schwängerte die hübsche Orientalin, deren Zauber er nicht widerstehen konnte. Cäsar war um zirka 30 Jahre älter als Kleopatra und hätte daher leicht ihr Vater sein können. Aber Beziehungen zwischen älteren Männern und jüngeren Frauen sind ja bekanntlich nichts Außergewöhnliches.

Haben Sie eine Beziehung wie Hänsel und Gretel oder wie Cäsar und Kleopatra?

Was die eine Art der Beziehung zwischen Mann und Frau zu viel hat (Sicherheit, Routine), das geht der anderen ab. Die leidenschaftlichen Verhältnisse zwischen zwei Menschen sind meistens auch die unsicheren, diejenigen, unter denen zumindest einer der beiden Partner gelegentlich leidet. Türenschlagen ist noch das Harmloseste, was in solchen Beziehungen vorkommt, wenn die Fetzen fliegen. Ich kannte ein Pärchen, wo einmal er und dann wieder sie bei mir angerufen hat, um sich bei mir auszuweinen. Beide waren beim Austeilen ziemlich gut, wenn es aber ans Einstecken ging, äußerst wehleidig. Seltsamerweise kommen Menschen, die sich gegenseitig wehtun, oft nur schwer voneinander los. Und das liegt nicht immer an der wirtschaftlichen Abhängigkeit des einen (leider sind es meistens die Frauen) vom anderen. Anscheinend ist die Leidenschaft, die zum gegenseitigen Schaden eingesetzt wird, wenn es einmal kracht, unter normalen Umständen etwas Reizvolles und Spannendes. Sie gibt der Beziehung eine gewisse Würze.

Die Hänsel-und-Gretel-Beziehungen gehen – falls überhaupt – nicht durch Leidenschaft in die Brüche. Die Gefühle füreinander schlafen hier meistens ganz von selbst ein. Nach Jahren erkennt einer der beiden Partner, dass er sich von seinem Gegenüber nicht mehr angezogen fühlt. Er (oder sie) lernt einen neuen Menschen kennen und entdeckt auf einmal, dass das Leben noch viel mehr bietet als die immer gleiche Routine. Jede Abwechslung, jeder noch so kleine Unterschied zum gewohnten Partner wird plötzlich als aufregend neu und anziehend empfunden.

Wie lassen sich dic Vorteile der beiden Beziehungsarten genießen, ohne die Nachteile in Kauf nehmen zu müssen?

Die meisten Menschen planen ihr Leben (zumindest ihr berufliches) genau und strukturieren es von morgens bis abends durch. Und oft neigen sie dazu, auch ihr Privatleben einer strengen Ordnung zu unterwerfen. Das ist zwar in vielen Bereichen sinnvoll, um den Überblick zu bewahren. Darüber hinaus hilft es auch dabei, einen gewissen seelischen Gleichklang aufrechtzuerhalten. Denn das Gewohnte, das Regelmäßige gibt uns Halt und Orientierung. Aber dennoch birgt zu viel Ordnung eine große Gefahr: Verwaltete Beziehungen, die immer nach demselben Schema ablaufen, werden schnell langweilig. Und dann erwacht bei einem der beiden Partner das Bedürfnis auszubrechen.

Wenn er ihr einmal pro Woche Blumen nach Hause bringt, ist das auf den ersten Blick zwar eine nette Geste. Wenn es aber über Jahre hinweg immer die gleichen Blumen am gleichen Tag sind, wird diese

Geste zur Routine und verliert rapide an Wirkung. Statt als Liebesbeweis dient sie als Beleg für die Einfallslosigkeit des Schenkenden. „Warum probiert er nicht einmal etwas Neues?", fragt sich die Beschenkte zu Recht. Abwechslung lautet auch hier das Zauberwort!

Die meisten Menschen sind bequem. Was einmal funktioniert hat, wird wohl auch in Zukunft funktionieren. Wozu also nach Alternativen Ausschau halten? So denken viele Menschen, nicht nur Männer, und vertrauen auf Altbewährtes. Sie versuchen erst gar nicht, etwas Neues auszuprobieren. Dabei könnten sie das auf Sparflamme brennende Feuer der Leidenschaft ihrer Beziehung durch die Gabe von ein klein wenig frischem „Brennstoff" zu einem kräftigen Auflodern bringen.

Durchbrechen Sie die Routinen in Ihrer Beziehung! Ein Teilnehmer der Männerseminare hat einmal verraten, was er gerne von seiner Frau geschenkt bekommen würde: eine richtige Überraschung. Er darf es ihr nicht sagen, sonst ist es ja keine Überraschung mehr. Er wollte gerne von seiner Frau in ein Hotel eingeladen werden. Das sollte auch nicht übers Wochenende und damit schon im Voraus geplant sein. Es hat etwas Pri ckelndes für ihn, von seiner Frau angerufen zu werden: „Hast du eine Stunde Zeit? Ich müsste etwas mit dir besprechen. Treffen wir uns in der Stadt." Natürlich ist das Treffen gut vorbereitet: zum Beispiel mit erotischer Unterwäsche und betörendem Parfum. Er wünscht sich von seiner Partnerin einen heißen Strip. Die meisten Männer würden so eine Entführung, die in eine Verführung mündet, ziemlich scharf finden.

Aber es geht nicht nur um Sex. Es geht einfach um die Überraschung. Das kann Sex sein, muss es aber nicht. Auch der Mut, sich einmal über die Ängste und Zweifel, die jeder hat, offen auszutauschen, kann eine Beziehung befruchten. Und dabei sollten Sie keine Angst vor Diskussionen und sogar Streit haben. Viele Beziehungen enden in einer Bruder-Schwester-Liebe, weil sich die beiden Partner aneinander gewöhnt haben und keiner dem anderen mehr wehtun will. Das ist zwar psychologisch verständlich, denn niemand sucht freiwillig den Schmerz. Es ist aber auch feige, weil es uns daran hindert, uns weiterzuentwickeln. Und es bringt uns um die Möglichkeit, unsere Beziehung mit neuer Energie aufzuladen. Ein klärendes Gewitter reinigt die Luft, heißt es bekanntlich. Und das gilt erst recht für Beziehungen. Allerdings gibt es auch hier Grenzen, die man nicht überschreiten sollte. Auch wenn es einmal emotionaler hergeht als üblich, sollte eine heftige Auseinandersetzung niemals untergriffig werden. Absichtliche und gezielte Verletzung des Partners schadet mehr, als sie bringt, egal wie leidenschaftlich es dabei zugehen mag.

Das Vertrauen und die Sicherheit, die eine eingespielte Beziehung für beide Partner bringen, sind sehr wichtig. Pünktlichkeit, auch nach Jahren des Zusammenseins, das Einhalten von Vereinbarungen und die Bereitschaft, jederzeit für den anderen da zu sein, sind zwar geschwisterliche Tugenden einer Beziehung, auf sie sollten Sie jedoch unter keinen Umständen verzichten.

Zwischen Vertrauen und Langeweile liegen Welten. Wenn Sie also ab und zu etwas Neues in Ihre Beziehung einbringen, können Sie das Feuer nicht nur am

Brennen halten. Mit ein paar heißen Einlagen hie und da gelingt es Ihnen vielleicht, die eine oder andere Stichflamme zu erzeugen.

Die Jagd auf Frauen

Am Anfang der Menschheitsgeschichte waren die Männer als Jäger, Fallensteller und Sammler unterwegs. Diese Begriffe beziehen sich auf die damalige Art der Nahrungssuche. Wenn ich hingegen im Zusammenhang mit Männern von „Jagen" und „Fallenstellen" spreche, meine ich etwas anderes: Es geht darum, wie Männer sich auf die Jagd nach Frauen machen. Ich unterscheide dabei die auf den ersten Blick aktiven, also die „Jäger", von den eher passiv erscheinenden Typen, den so genannten Fallenstellern. Beide haben das gleiche Ziel, aber ihre Methoden unterscheiden sich stark voneinander.

Haben Sie es eher mit Männern zu tun, die „Jäger" sind, oder mit solchen, die „Fallensteller" sind?

Der „Jäger" ist der archaische, wilde, natürlichere, wenn Sie so wollen, der animalische Typ. Er fackelt nicht lang herum, sondern geht gleich in die Offensive. Er vertraut auf seinen Instinkt. Sieht er eine Frau, die ihm gefällt, „holt" er sie sich. Rücksichtslos schlägt er dabei seine Konkurrenten aus dem Feld und legt keinen allzu großen Wert auf Etikette. Er setzt lieber auf seine physische Stärke und auf die Kraft der sexuellen Ausstrahlung des „echten Mannes". Das Interessante dabei: Viele Frauen mögen das, auch wenn sie es nie öffentlich zugeben würden. Das Machogehabe, das sie im kultivierten Gespräch anprangern, empfinden viele Frauen als äußerst anziehend, sobald es von der Theorie zur Sache geht. Der „Jäger" beherrscht nur eine Technik, aber es ist die effektivste. Eine ausreichende Anzahl von Frauen ist anfällig für sie. Die Trefferquote des „Jägers" ist daher hoch.

Der „Fallensteller" wirkt alles andere als angriffslustig. Davon sollten Sie sich aber nicht täuschen lassen. Seine Methode lässt ihn so erscheinen, als wäre er passiv. In Wahrheit ist er jedoch genauso auf Eroberung aus wie der „Jäger". Seine Aggressivität ist aber wesentlich subtiler. Denn er nützt die Kraft seines Opfers und kehrt sie gegen seine Beute. Gezielt setzt er seine Waffen ein, wirft seine Netze aus und wartet geduldig, bis sich eine Frau darin verfängt. Er passt seine Fallen den jeweiligen Gegebenheiten und der Art seiner Opfer an. Er spielt mit den Frauen und verfügt über mehrere Identitäten, die er je nach Bedarf einsetzt. Dabei gibt er stets vor, derjenige zu sein, den die jeweilige Frau gerade sucht. Und weil sie glauben will, dass er genau das verkörpert, wonach sie sucht, verkörpert er es auch.

Der „Fallensteller" ist die perfekte Realisierung jeder möglichen Fantasie. Sobald er sein Opfer gewählt und beschlossen hat, eine bestimmte Form anzunehmen, setzt er alles daran, ganz in ihr aufzugehen. Dabei wechselt er in Sekundenschnelle vom Liebhaber zum Freund, vom Macho zur sensiblen Künstlernatur. Er variiert seine Rollen je nach Bedarf. Das Hinterhältigste an seiner Vorgangsweise aber ist: Er lässt seine Opfer glauben, sie hätten das Ruder fest in der Hand.

Und noch während sie denken, sie würden ihn erobern, ist er es, der sie um den Finger wickelt. Er hält ganz allein sämtliche Fäden in der Hand. Als gewiefter Stratege überlässt er nichts dem Zufall. Wie ein raffinierter Feldherr denkt er mehrere Züge voraus und überlegt, wie die passenden Antworten auf die noch ungestellten Fragen lauten werden.

„Jäger" sind im Gegensatz dazu diejenigen Männer, die sich klar zu erkennen geben. Wenn sie Sex wollen, reden sie nicht über gemeinsame Besuche im Museum. Sie machen aus ihren Bedürfnissen kein Geheimnis. Wozu auch? Die Frauen, die sich auf sie einlassen, wollen dasselbe wie sie. Verstellung ist daher sinnlos und kostet nur unnötig Zeit und Mühe. Diese schnörkellose Geradlinigkeit spricht manche Frauen an. Das hat nichts mit Oberflächlichkeit oder gar Stillosigkeit zu tun. Oft wollen einfach nur biologische Bedürfnisse befriedigt werden. Und dabei ist die Verpackung zweitrangig. Die natürliche Urgewalt des Mannes reicht aus. Der Gedanke, dass er scheitern könnte, kommt dem „Jäger" überhaupt nicht in den Sinn. Und das ist das Geheimnis seines Erfolges, seiner animalischen Unwiderstehlichkeit. Er ist der klassische Siegertyp, ein Mann, der nicht lang nachdenkt, sondern handelt.

„Fallensteller" wiederum haben einen eher spielerischen Zugang zum Thema „Frauen". Dieser ist weniger gefährlich – aber nur für die „Fallensteller". Warum sollten sie sich dem Risiko einer Niederlage aussetzen? Mit ihrer Vorgangsweise werden sie sich niemals blamieren. So viel steht fest: Nur diejenigen Fallen, die funktionieren, also ihre Opfer finden, werden erkannt, wenn auch meistens zu spät. Diejenigen Fallen hingegen, in die keine Frau tappt, bleiben unentdeckt. Sie schweigen zum eigenen Versagen und zu dem ihrer Errichter. Während die „Jäger" schon vor Beginn der Jagd ihren Sieg hinausposaunen (seine Vorankündigung gehört bereits zur Schlacht), kann es Teil der Strategie der „Fallensteller" sein, gelegentlich (zum Schein) zu verlieren.

In der Fähigkeit, die vorgetäuschte eigene Niederlage als Mittel zum Sieg einzusetzen, liegt die Unbesiegbarkeit des „Fallenstellers". Er betört Frauen, indem er sich schwach gibt, verletzlich und im äußersten Notfall sogar zähmbar. Seine Trickkiste ist randvoll mit Nuancen. Während der „Jäger" nur ein einziges, großes Messer an seinem Gürtel trägt, führt der „Fallensteller" ein reiches Sortiment von Werkzeugen mit sich: große, kleine, stumpfe, spitze, scharfe, gerade und gebogene. Der „Fallensteller" lacht gerne. Aber dort, wo es nötig ist, wird er genauso überzeugend weinen. Insgeheim lacht er sich aber doch wieder ins Fäustchen, weil er von der eigenen Darbietung beeindruckt ist. Und während er vorgibt, durch die Wucht der auf ihn einprasselnden Emotionen in die Knie zu gehen, macht er doch nur eine tiefe Verbeugung vor der eigenen schauspielerischen Brillanz.

Der „Jäger" fährt mit einem protzigen Sportwagen vor, trägt teure Armbanduhren und wirft mit Geld nur so um sich. Er will alle Menschen um sich herum wissen lassen, dass er die Regeln des Erfolges kennt und sie natürlich auch beherrscht. Der „Fallensteller" setzt hingegen auf Understatement. Klarerweise ist auch er erfolgreich. Aber es genügt ihm, dass er selbst das weiß. Während der „Jäger" mit seinen Leistungen prahlt, vertieft sich der „Fallensteller" mit bedeutungsvoller Miene in die Analyse der Gefahren der Globalisierung. Dabei verfolgt er jede Regung seines Opfers, bereit, beim kleinsten Anzeichen von Missbilligung in Sekundenschnelle die Strategie zu wechseln. Zuerst noch welt- und wirtschaftskritisch, schildert er bereits im nächsten Augenblick mit Begeisterung Details seiner eigenen finanziellen Erfolge.

Der Weg, den der „Jäger" beschreitet, ist eine Autobahn. Sie führt ans Ziel oder sie verfehlt es. Sobald er einmal losgefahren ist, gibt es kein Zurück mehr. Sieg oder Niederlage – die Chancen stehen 50 zu 50 und er kann sie während der Fahrt nicht mehr verbessern.

Der „Fallensteller" kennt sämtliche Nebenstraßen und Umfahrungsmöglichkeiten. Wenn es sein muss, ist er bereit, die kürzeste Strecke zu verlassen und ein paar Extrakilometer zurückzulegen. Hauptsache, er kommt damit ans Ziel. Ganz egal, wie unterschiedlich „Jäger" und „Fallensteller" agieren, wenn sie in Aktion treten: Das Bett machen jedenfalls beide, bevor sie die Wohnung verlassen.

Einfach gestrickt könnte man den „Jäger" nennen. Und auch sein Weltbild ist ein unkompliziertes. Das, was er will, wollen die Frauen doch auch. Was bisher funktioniert hat, wird auch in Zukunft klappen. Die Fälle, in denen er gescheitert ist, hat er verdrängt oder tatsächlich vergessen. Es macht keinen Unterschied, denn er würde seine Strategie niemals ändern. Er hat überhaupt keine.

Eigentlich ist der „Fallensteller" nichts anderes als ein „Jäger", der sich auf die Bedürfnisse der Zeit eingestellt hat. Viele Frauen wollen nicht mehr einfach nur warten, bis sie „gejagt und erlegt" werden. Sie möchten das Gefühl haben, selbst zu bestimmen, was ihnen widerfährt. Zumindest aber wollen sie dabei ein Wörtchen mitreden. So betrachtet ist ein „Fallensteller" nichts anderes als die kultivierte Form des „Jägers". Anstatt die Waffe selbst einzusetzen, drückt er sie seinem Opfer in die Hand, das sie sich – im Taumel vermeintlicher Selbstbestimmtheit – sogleich an die Schläfe setzt und abdrückt.

Aber nicht alle Frauen, die einem „Fallensteller" erliegen, tun das unfreiwillig oder aus Unwissenheit. Manch eine genießt die subtilen Verführungskünste und beobachtet dabei fasziniert, wie sie Schritt für Schritt immer tiefer in die Falle tappt, die vor ihrer Nase aufgestellt worden ist.

Männer und Sex

Schlagen Sie eine beliebige Zeitschrift auf und Sie werden mindestens einer nackten oder spärlich bekleideten Frau begegnen. Meistens lächeln Ihnen aber gleich mehrere im Hochglanzformat entgegen. Dazu ist es gar nicht nötig, einschlägige Zeitschriften aus dem Tankstellenregal zu nehmen. Die „seriösen" Publikationen tun es auch. Schalten Sie den Fernseher ein, und Sie können dutzende Frauen (und auch Männer) sehen – je nach Uhrzeit mehr oder weniger nackt. In der Werbung sowieso, aber auch im normalen Programm. Und alle scheinen sie dem Betrachter zuzurufen: „Ich will dich! Jetzt!"

Menschen, die in der Öffentlichkeit stehen, wollen adrett, gepflegt und anziehend wirken. Das ist ganz natürlich und war schon immer so. Das Spiel mit der Erotik ist alt und keine Erfindung unserer Zeit. Aber heute geht es nicht mehr nur bloß um Andeutung, um die Stimulation von Fantasien. Die Gegenwart ist schon längst an einem Punkt angelangt, wo die Erotik dem unverblümten Sex gewichen ist. Es geht nicht mehr um den subtilen Reiz der Verführung. Wir befinden uns mitten in einem niemals enden wollenden Massen-Geschlechtsverkehr.

Wir befinden uns mitten in einem niemals enden wollenden Massen-Geschlechtsverkehr.

Sex spielt eine wichtige Rolle in unserem Leben. Und er dient nicht nur der Zeugung von Nachkommen. Er ist auch eine Form der Kommunikation zwischen Menschen und er macht sehr viel Spaß. Dass man mit Sex darüber hinaus auch eine Menge Geld verdienen kann, ist offensichtlich. Nicht nur die Pornoindustrie weiß das und richtet sich danach. „Sex sells", heißt es in der Werbebranche und es bringt die schönste Sache der Welt auf ihren ökonomischen Punkt. Tausende Filme, Bücher und Magazine werden jedes Jahr produziert, Ratgeber, Kunstwerke und Pornografie. Auch die darstellende Kunst lebt zu einem nicht unbeträchtlichen Teil von Sex.

Ich weiß nicht, ob es beklagenswert ist, dass unsere Welt so stark von Sex dominiert wird. Es gibt Menschen, die behaupten, dieser Umstand sei der schon lang notwendigen Liberalisierung unserer Gesellschaft zu verdanken. Und insofern sei er gut. Er hat die Menschen von unnötigen Verklemmungen befreit und ihnen geholfen, entspannter zu leben und zu ihren Bedürfnissen und Gefühlen zu stehen. Die Befriedigung unserer individuellen sexuellen Wünsche wiederum würde die Gesellschaft insgesamt friedvoller machen.

Nur dann kann ich mich als Mann auf eine Frau einlassen, wenn ich mich abgrenzen kann. Sonst dominiert mich die Angst, mich zu verlieren.

Vieles, was an zu Verkaufszwecken instrumentalisiertem Sex existiert, basiert auf der berechtigten Annahme, dass Männer ein großes Faible für dieses Thema haben. Außerdem haben noch immer sie das meiste Geld und geben es gerne für die Dinge aus, die ihnen optisch ansprechend serviert werden. Angeblich denken Männer alle paar Minuten an Sex, manche vielleicht noch öfter. Das ist zwar durchaus möglich, aber eine Frage, die sich mir in diesem Zusammenhang trotzdem aufdrängt, lautet: Sind Männer deswegen so „sexbesessen", weil sie es von Natur aus sind? Oder könnte es nicht vielleicht daran liegen, dass sie in unserer Zeit und Kultur andauernd an ihre Sexualität erinnert werden? Wie sollen wir Männer bei der permanenten sexuellen Stimulierung durch die Medien überhaupt an irgendetwas anderes denken können als an Sex?

Die Frage erinnert ein bisschen an jene, was denn zuerst da war: die Henne oder das Ei. Aber eigentlich ist die Antwort auf die eine Frage genauso unbedeutend wie die auf die andere. Denn die Tatsache steht nun einmal fest, dass Männer oft und gerne an Sex denken, ganz egal warum. Die viel wichtigere und interessantere Frage lautet dagegen: Was erwarten sich Männer vom Sex? Keine Angst, da dieses Buch kein Ratgeber für ausgetüftelte Sexualpraktiken ist, werden Sie jetzt von mir sicher keine Tricks zur richtigen, sprich erfolgreichen Handhabung der männlichen Geschlechtsorgane erfahren. Ich möchte Ihnen vielmehr etwas um das Drumherum erzählen – aus der Sicht meiner Geschlechtsgenossen. Denn das ist mindestens genauso wichtig.

Um wirkliche Intimität leben zu können, musste ich mich als Mann meinen Ängsten stellen, die ich vor den Frauen hatte.

In den zwei Jahrzehnten meiner Männerarbeit haben sich einige Aspekte herauskristallisiert, die für viele Frauen wissenswert sind. Es ist mir wichtig, ein realistisches Bild zu zeichnen und dieses nicht mit Wunschbildern zu vermischen. Ich möchte weiters festhalten, dass meine persönliche Einstellung und Lebenserfahrung mit vielen dieser Realitäten nicht mehr übereinstimmt. In meinen jüngeren Jahren habe ich vieles genau so gesehen wie die meisten meiner Geschlechtsgenossen. Erst durch meine persönliche Reifung ist auch meine Sexualität mitgereift. Als Erstes musste ich lernen, mich gegenüber Frauen, ganz besonders gegenüber meiner Frau, abzugrenzen. Nur dann kann ich mich auf eine Frau einlassen, wenn ich mich auch abgrenzen kann. Sonst dominiert mich die Angst, mich zu verlieren. Dann kann ich mich nicht fallen lassen. Das Ergebnis meiner diesbezüglichen Arbeit habe ich in meinem Buch „Grenzen setzen bei Erwachsenen" festgehalten. Mir wurde sehr spät erst klar, dass ich von den Frauen unbewusst verachtet wurde, weil ich mich nicht abgrenzen konnte. Erst durch das Abgrenzenkönnen wurde ich reif für die nächste Stufe des Mann-Seins und für die nächste Reifestufe der Begegnung mit einer Frau. Um wirkliche Intimität leben zu können, musste ich mich meinen Ängsten stellen, die ich genauso wie viele andere Männer vor den Frauen hatte. Als Mann bin ich gerade in meiner Sexualität höchst verletzbar. Erst nach dem Eingestehen der Ängste und nach der Auseinandersetzung mit meinen Verletzungen auf dem Gebiet der Sexualität konnte ich mich auf echte Sexualität einlassen. Ein Verschmelzen wurde möglich, ohne mich dabei als Mann ganz zu verlieren. Viele spirituelle Erfahrungen wurden dadurch erst ermöglicht. So zum Beispiel das Eins-Sein mit einem anderen Menschen als Vorstufe zur Erfahrung des All-Eins-Seins.

Was also erwarten sich Männer vom Sex?

Männer wollen Spaß, das gilt ganz besonders für Sex. Der Reiz, Frauen „anzumachen", sie zu „verführen", „aufzureißen" und „ins Bett zu kriegen", fordert den Spiel- und Jagdtrieb des Mannes heraus. Und außerdem hat die erfolgreiche Verführung einer Frau für einen Mann, jenseits der sexuellen Befriedigung, auch sehr viel mit Macht und männlichem Stolz zu tun. Eine Frau zu „kriegen", bestätigt das männliche Ego, die eigene Männlichkeit. Das ist wahrscheinlich einer der wesentlichen Gründe dafür, warum die Mehrzahl der Männer lieber selbst die Initiative ergreift. Nur rund ein Drittel aller Männer mag es nämlich laut Umfragen, wenn Frauen beim „Aufriss" die aktive Rolle übernehmen. Die restlichen zwei Drittel fühlen sich nicht wohl in ihrer Haut, wenn der Spieß umgedreht wird. Für sie stellen aktive Frauen eher eine Bedrohung als eine Versuchung dar. Ist die Frau zu aktiv und fordernd, dann reagiert der Mann mit Rückzug oder Impotenz.

Männer suchen beim Sex Entspannung durch Befriedigung. Während Frauen ein langes Vorspiel genießen können, sind Männer beinahe mit einem Fingerschnippen startklar. Männer brauchen kein langes Vorspiel. Frauen wollen Zeit und Zärtlichkeit, um die Lust langsam wachsen zu lassen. Und oft ist der Weg für sie mindestens genauso wichtig wie das Ziel. Sie genießen den komplexen Spannungsaufbau, die Komposition ihrer Lust. Viele Männer empfinden das Vorspiel eher als Umweg auf der Reise zu ihrem Glück. Und dieses finden sie erst am Ende der Strecke: im Orgasmus. Während die Frauen nach dem Sex wie neugeboren und energiegeladen sind, liegen die Männer meist ziemlich geschafft da. Es scheint so, als würde beim Geschlechtsverkehr ein Energieaustausch zu Ungunsten der Männer stattfinden: Sie geben ihre Energie ab und Frauen nehmen diese auf. Erst wenn das Herz eines Mannes offen ist, kann er den Energieaustausch mit einer Frau erleben. Was muss alles geschehen, bis das Herz eines Mannes offen ist? Ist das Herz eines Mannes nicht offen, so kann er das Energiegeschenk der tiefen Herzensliebe nicht aufnehmen. Stress, Wut und Aggression, Ängste und Trauer versperren die Eingangstür zum Herzen eines Mannes. Ein freier Austausch der Energien beim Geschlechtsverkehr ist nicht mehr möglich. Dadurch hat der Mann oft das Gefühl, mehr zu geben, als zu bekommen.

Nicht unerwähnt sollte bleiben, dass immer mehr Männer unter Potenzproblemen leiden. Die Pharmaindustrie hat ein weites Feld, um hier auszuhelfen. Die wahren Ursachen werden damit nicht beseitigt.

Was Männer überhaupt nicht leiden können, ist Reden während des Sex – „dirty talk" ausgenommen. Der Geschlechtsakt ist für sie etwas Animalisches, natürliche Urgewalt. Kultur hat dabei nichts verloren. Es geht den Männern oft nicht darum, mit ihren Partnerinnen auf einer höheren Ebene zu kommunizieren, Gefühle auszutauschen und eine mystische Verschmelzung mit den Frauen zu erreichen. Es geht schlicht und einfach um Sex. Leider ist diese Form des Sex eine Spielart, die im Herzen und in der Seele unbefriedigt lässt. Sie führt dazu, dass ich immer wieder Sex brauche, weil ich nicht bis ins Innerste befriedigt bin. Ich habe nur meine Lust befriedigt. Das soll nicht heißen, dass es nicht auch manchmal gut ist. Ich muss nur wissen, dass es mich in erster Linie körperlich befriedigt.

Frauen werfen Männern oft vor, sie würden anderen Frauen nachschauen. Dabei haben Untersuchungen ergeben, dass Frauen mindestens genauso oft, wenn nicht sogar öfter „spannen" als Männer. Der Unterschied liegt im Detail: Sie machen es unauffälliger. Die Tatsache, dass Männer gerne attraktive Frauen anschauen, spielt in derselben Liga wie ihre Liebe zur Pornografie. Weder das eine noch das andere sollte Sie ernsthaft an seiner Liebe zu Ihnen zweifeln lassen. Männer sind sehr empfänglich für optische Reize. Aber genauso schnell, wie sie entflammen, kühlen sie auch wieder ab, sobald diese Reize verschwunden sind. Die Angst, Sie könnten ihm nicht mehr gefallen und er gafft deshalb anderen Frauen nach oder sucht Stimulation in Männermagazinen, ist unberechtigt. Für Männer ist das, was Sie vielleicht als abstoßend empfinden, ganz natürlich.

Eine Umfrage unter Männern und Frauen zum Thema „Was macht Sie an?" ergab folgende, für mich ganz und gar nicht überraschende Ergebnisse:

Was *Frauen* anmacht:	Was *Männer* anmacht:
1. Romantik	1. Pornografie
2. Bereitschaft, Verpflichtungen einzugehen	2. Weibliche Nacktheit
3. Miteinander kommunizieren	3. Abwechslung beim Sex
4. Intimität	4. Reizwäsche
5. Zärtlichkeiten ohne Sex	5. Verfügbarkeit der Frau für Sex

Diese Unterschiede zwischen Männern und Frauen treiben beide manchmal in die Verzweiflung. Die Behauptung, dass die beiden Geschlechter verschiedene Sprachen sprechen, scheint hier mehr als zuzutreffen. Während Frauen Zärtlichkeit und Gefühl als Voraussetzung für guten Sex brauchen, sind Männer erst dann bereit, sich auf Gefühle und Zärtlichkeiten einzulassen, wenn sie guten Sex bekommen. Eine harte Nuss, die zu knacken nicht ganz einfach ist. Wenn beide Partner aber einen Schritt weit aufeinander zugehen, lässt sich eine Lösung finden.

Während Frauen Zärtlichkeit und Gefühl als Voraussetzung für guten Sex brauchen, sind Männer erst dann bereit, sich auf Gefühle und Zärtlichkeiten einzulassen, wenn sie guten Sex bekommen.

Die unterschiedliche Art, mit Gefühlen umzugehen, ist der Grund für die Fähigkeit von Männern, zwischen Liebe und Sex problemlos zu unterscheiden. Für sie gilt: Das eine ist Liebe, das andere Sex. Das zu verstehen, ist wichtig für den Fall, dass Sie von Ihrem Partner einmal betrogen werden sollten. Bitte verstehen Sie mich nicht falsch: Ich will Fremdgänger nicht verteidigen, ganz im Gegenteil. Aber eines steht fest: Nicht jeder Mann, der seine Frau betrügt, bringt damit zum Ausdruck, dass er sie nicht mehr liebt. Weil Männer zwischen Lust und Liebe, zwischen Sex und romantischen Gefühlen unterscheiden können, fällt es den meisten von ihnen wohl auch leichter, kein schlechtes Gewissen zu haben, wenn sie ihre Partnerin mit einer anderen Frau betrügen.

Was Männer schier in den Wahnsinn treibt, ist, wenn Frauen sie scharf machen und dann unbefriedigt zurücklassen. Wahrscheinlich bemerken das viele Ihrer Geschlechtsgenossinnen gar nicht. Aber da Männer sehr stark auf visuelle Reize reagieren, werden sie in Situationen erregt, die für Frauen nicht den Hauch von Erotik haben. Dass es dabei zu Missverständnissen kommt, liegt auf der Hand. Stellen Sie sich zum

Beispiel vor, wie Sie nach der Arbeit müde nach Hause kommen. Sie wollen nichts anderes als abschalten, sich ausziehen, eine Dusche nehmen und damit den Schweiß und die Sorgen des Tages von sich abwaschen. Das Klimpern der Gürtelschnalle, das Rascheln der Jeans, die zu Boden sinken, und das Knacken Ihrer Gelenke, wenn Sie die Füße heben, um aus dem Slip zu steigen: All das sind bereits Schlüsselreize für Ihren Partner. Dann erhascht er einen kurzen Blick auf Ihren nackten Körper. Und schon ist es um ihn geschehen. Wenn Sie nicht in Sekundenbruchteilen in der Duschkabine sind, kann er für nichts garantieren.

Wenn Sie sich auch nur ein bisschen auf seine sexuelle Interpretation dieser Situationen einlassen, könnte es Probleme geben. Sie sind abgespannt und lieben seine zärtlichen Berührungen, wenn die nur nicht gleich zum Sex führen würden. In seinen Augen haben Sie jedoch einen perfekten Striptease hingelegt. Und wenn Sie jetzt auf seine Avancen einsteigen, denkt er (aus seiner Sicht völlig zu Recht): Es ist so weit. Und dann passiert – nichts. Das ist für viele Männer ziemlich frustrierend. Und daher berühren einige von ihnen ihre Frauen nicht mehr beziehungsweise sind nur mehr selten zärtlich zu ihnen. Denn durch diese Berührungen würde ihre sexuelle Gier angestachelt, die dann aber oft unbefriedigt bleibt.

Apropos sexuelle Gier: Während in den ersten paar Jahren einer Beziehung Mann und Frau zirka gleich häufig Lust auf Sex verspüren, ändert sich das in der Folgezeit stark. Bleibt der Appetit auf Sex bei Männern etwa gleich hoch, so sinkt er bei Frauen langsam, aber stetig. In der sexuell aktiven Phase kann es immer wieder dazu kommen, dass Ihr Partner sexuelle Wünsche äußert, die Sie zurückweisen. Männer sind sensible Typen und manchmal reagieren sie sogar übersensibel. Die Zurückweisung von sexuellen Wünschen erleben sie aber leider oft als Zurückweisung ihrer gesamten Person. Wenn Sie sich ihm verweigern, denkt er möglicherweise: Sie liebt mich nicht. Sie haben selbstverständlich vollkommen Recht: Niemand sollte Sie dazu zwingen dürfen, etwas zu tun, was Sie unter keinen Umständen tun wollen. Viele Dinge, die wir nicht tun wollen, glauben wir nicht tun zu dürfen.

Die Zurückweisung von sexuellen Wünschen erleben viele Männer als Zurückweisung ihrer gesamten Person.

Irgendwann sinkt leider auch die sexuelle Lust des Mannes altersbedingt. Und auch seine physische Leistungsfähigkeit ist nicht unerschöpflich. Dann passiert etwas Sonderbares: Der Mann braucht plötzlich die Zärtlichkeit und Ausdauer seiner Partnerin, um „einsatzfähig" zu werden. Das ist der Zeitpunkt, ab dem das Bedürfnis nach Vorspiel auch bei ihm zum Vorschein kommt. So seltsam es klingen mag: Vielleicht müssen wir erst alt werden, um einander wirklich nahe zu kommen.

Und was ist, wenn es vorbei ist mit der Potenz des Mannes?

Manche Männer genießen es im fortgeschrittenen Alter, nicht mehr so abhängig zu sein von der Sexualität und damit von Frauen. Sie gewinnen eine neue

Freiheit. Männerfreundschaften können wieder mehr gepflegt werden und alte unerfüllte Wünsche werden ausgegraben und erfüllt. Die Beziehung zu Frauen wird entspannter und absichtslos liebevoller.

Manche Männer verkraften es nicht so schnell, dass ihre Manneskraft sich verabschiedet hat, sei es durch eine Prostataoperation oder durch einen anderen körperlichen oder seelischen Grund. Nur durch professionelle Trauerarbeit kann es gelingen, die Ära der Potenz und der Zeugungsfähigkeit gut zu verabschieden.

Eines ist jedoch ganz gewiss: Männer sind ausgesprochen dankbar, wenn ihnen ihre Frauen in dieser Phase liebe- und verständnisvoll begegnen. Vorwürfe oder Forderungen hätten verheerende Wirkung. Die Angst, dass die Frau fremdgeht, taucht auf. Er kann seinen „Mann" nicht mehr stehen. Das alles trägt dazu bei, seinen Selbstwert stark zu beeinträchtigen. Meiner Erfahrung nach hilft es nicht wirklich, wenn die Frau in dieser Phase zu trösten versucht, indem sie sagt, dass Sex ihr nicht so wichtig ist. Für ihn war Sex sehr wichtig. Und diese für ihn sehr lustvolle Art, die Beziehung zu leben, fällt weg. Oft dauert es Jahre, bis ein Mann diesen Abschnitt seines Lebens gut verarbeitet hat.

Männer und ihre drei Sehnsüchte

Jeder nimmt die Droge, die er verdient. Aber im Fall des Mannes sind es sogar drei. Er verzehrt sich nach Geborgenheit, nach Romanzen und nach Sex. Er sehnt sich nach diesen drei Dingen und strebt danach, sie möglichst oft, am besten andauernd zu bekommen.

Geborgenheit wünscht sich jeder Mensch. Das Urbild dieses Gefühls entsteht durch die Fürsorge der Mutter. Sie liebt selbstlos und ohne Gegenleistung. Daher ist die Geborgenheit, die sie bietet, eine umfassende. Sie fragt nicht nach Bezahlung. Vielmehr beruht die Intensität ihrer Liebe gerade darauf, dass sie um die Unfähigkeit des Kindes weiß, sich diese zu verdienen. Die Hilflosigkeit des kleinen Menschenwesens ruft diese Liebe erst hervor und verstärkt sie. Das scheint widersprüchlich zu sein und passt nicht zu allen weiteren Erfahrungen, die der Mensch im Laufe seiner individuellen Lebensgeschichte machen wird. Jeder will etwas bekommen für das, was er selbst bietet. „Ich gebe, damit du gibst", lautet die Regel der wechselseitigen Dankbarkeit.

In unserem Streben nach Geborgenheit und Fürsorge versuchen wir Männer, ein Stück der selbstlosen Liebe der eigenen Mutter wieder zu finden. Denn die Welt fordert uns täglich, wir müssen uns permanent beweisen. Wir bekommen nichts geschenkt, sondern müssen es uns erst einmal verdienen. Unseren Kindheits- und Jugendfreunden gegenüber müssen wir beweisen, dass wir mutig und männlich sind, damit wir zur Bande gehören dürfen. Den Mädchen, mit denen wir gerne zusammen sein wollen, müssen wir zeigen, dass wir cool sind. Für unsere Lehrer sind wir erst dann mit im Team, wenn unsere Schulnoten entsprechend ausfallen. Und unsere Vorgesetzten müssen wir damit beeindrucken, dass wir alles im Griff haben und dass unsere Leistungen „stimmen", damit sie wissen: Es war richtig, dass wir ihn eingestellt haben! Sobald unsere Arbeit den Erwartungen nicht mehr entspricht, müssen wir damit rechnen, dass unser Chef uns seine Zuneigung wieder entzieht. Und leider darf er das auch tun, denn er bezahlt unser Essen, unsere Kleidung und unsere Miete. Dadurch erwirbt er das Recht, Leistung von uns zu bekommen. In Anbetracht all dieser Erwartungen an uns sehnen wir uns nach Menschen, die uns lieben, ohne dafür gleich im Gegenzug etwas zu fordern.

Warum werden die Männer zu Kindern ihrer Frauen?

Unsere Freunde sollen Menschen sein, die uns so mögen, wie wir sind. Das unterscheidet sie von denjenigen, denen wir etwas schulden, wie zum Beispiel unseren Vorgesetzten. Vor unseren Freunden wollen wir uns nicht täglich aufs Neue beweisen müssen. Unsere Partnerinnen wünschen wir uns – zumindest was ihren Charakter betrifft – als eher mütterlich-fürsorglichen Typ. Manche Frauen klagen darüber, dass sie neben ihren wirklichen Kindern noch ein weiteres, nämlich ihren Partner, zu umsorgen hätten. Manchmal überschreiten wir Männer die Grenzen und benehmen uns tatsächlich wie Kinder. Dann lassen wir uns von unseren Partnerinnen bemuttern und drängen sie in eine Rolle, die sie eigentlich nicht spielen möchten. Warum werden die Männer zu Kindern ihrer Frauen? Meist liegt es daran, dass sie im Zusammenleben mit der Mutter nur gelernt haben, wie man mit einer Mutter richtig umgeht. Sie haben nicht erfahren, wie man mit einer Frau umgeht. Es sei denn, sie konnten den Vater dabei beobachten. Sie übernehmen dieses vorgelebte

Modell aus der Ursprungsfamilie für ihre Partnerschaft, weil sie kein anderes funktionierendes Modell kennen. Wenn ein Mann aus dem Elternhaus aus- und gleich zu einer Frau zieht, ist es sehr wahrscheinlich, dass die bekannten Verhaltensweisen gegenüber der Mutter einfach kopiert und bei der Frau oder Freundin angewendet werden. Nur wenn der Vater mit der Mutter ein partnerschaftliches Beziehungsmodell lebt, weiß der junge Mann, wie er eine Frau behandeln muss. Ansonsten weiß er nur, wie er mit einer Mutter umgehen kann.

Die Suche nach selbstloser Liebe und Geborgenheit ist unter der Perspektive des Lebens als Zweckgemeinschaft ein romantisches Ideal. Kann es das überhaupt geben: Selbstlosigkeit? Will nicht jeder Mensch für das, was er dem anderen gibt, auch wieder etwas zurückbekommen? Wahrscheinlich ist das so. Und doch gibt es hier große Unterschiede: Einige von uns sind sich gar nicht bewusst, dass sie für ihre Liebe etwas zurückbekommen möchten. Andere wiederum suchen diese Belohnung gezielt. Dass aber auch eine Mutter für ihre selbstlose Liebe eine Belohnung erhält, leuchtet bei näherer Betrachtung ein. Das Lächeln des Kindes, sein Vertrauen und die Liebe zu seiner Mutter, die durch seine Freude zum Ausdruck kommen, machen diese „Bezahlung" aus und sind mehr wert als jeder Geldbetrag dieser Welt.

Die Enttäuschung über die Unerfüllbarkeit unserer Sehnsucht nach selbstloser Liebe lässt sie leider oftmals umschlagen ins andere Extrem. Da wir die Liebe, die wir wollen, nicht bekommen, werden wir aggressiv und versuchen, Macht zu erlangen. Denn wenn wir schon nicht (selbstlos) geliebt werden, dann sollen uns die Menschen wenigstens fürchten. Sie sollen uns verehren, sich vor uns verbeugen. Und wir kämpfen darum, Positionen zu erreichen, wo die anderen nichts mehr von uns fordern können. Jetzt bestimmen wir, wo es langgeht. Und wir sagen, was wir zu bekommen haben.

Der Untergebene ist immer seinem Vorgesetzten gegenüber Rechenschaft schuldig. Nur der Chef selbst ist sein eigener Herr. Er wird geliebt oder gefürchtet, aber er kann frei darüber entscheiden, ganz wie es ihm gefällt. Und die Liebe, die ihm niemand schenken wollte, als er noch selbst Untergebener war, kann er jetzt, als Chef, gleichsam erzwingen, auch wenn das natürlich nicht dasselbe ist. Aber genau deshalb bleibt der Hunger nach selbstloser Liebe auch jetzt noch ungestillt.

Unser Blick auf die Realität sollte nüchtern sein. Denn die Mehrzahl der Menschen wird uns stets auch unter der Zweckperspektive begegnen: Was kann ich von ihm bekommen? Insofern ist unser Streben nach unverdienter Geborgenheit als Basis für ein erwachsenes Leben kein sinnvoller Ansatz. Und doch durfte ich in meinem bisherigen Leben eine sehr interessante Erfahrung machen: Ich habe versucht, so oft wie möglich nicht nachzurechnen. Ich wollte nicht zählen, ob ich immer genau so viel zurückbekomme, wie ich gegeben habe. Und wissen Sie was, ich habe nur selten das Gefühl gehabt, betrogen worden zu sein. Wenn wir großzügig sind und nicht andauernd kontrollieren, ob das Ausgaben-Einnahmen-Verhältnis stimmt, gehen wir entspannter durchs Leben. Wir bekommen meistens genauso viel zurück, wie wir gegeben haben, manchmal sogar mehr. Es ist beinahe so, als würden wir für unsere Großzügigkeit mit unerwarteten Zinsen belohnt. Wenn wir bereit sind, etwas zu riskieren, haben wir unsere Sehnsucht nach „kostenloser" Geborgenheit keineswegs aufgegeben. Aber wir haben sie weiterentwickelt und in einer reifen, erwachsenen Form in unsere Persönlichkeit integriert. Und dadurch haben wir sie überwunden.

Die zweite Sehnsucht, mit der Männer ringen, ist diejenige nach Romanzen. Jetzt werden Sie bestimmt denken: Seit wann sind Männer denn romantisch? Das ist doch eigentlich Frauensache! Aber ganz so stimmt das nicht. Denn auch wir Männer lieben die Schwärmerei und können uns an dem Gefühl erfreuen, Frauen anzubeten. Die Sache hat jedoch einen Haken: Wir idealisieren gerne. In unserer Sehnsucht nach der perfekten Frau übersehen wir, dass die Realität dabei nicht immer mitspielt. Diese kümmert sich nämlich überhaupt nicht um unsere Wünsche. Von unserer Erfahrung mit der eigenen Mutter wissen wir: Liebe kann rein und selbstlos sein. Und diese Reinheit wollen wir auch in unseren Liebesbeziehungen wieder finden.

Aber wenn die romantische Liebe sich abnützt, wenn die raue Wirklichkeit ihr die goldglänzende Oberfläche unserer Ideale abgerieben hat und der banale Alltag zum Vorschein kommt, werden wir unruhig. Dann sehnen wir uns nach neuen Reizen. Wir wollen das Gefühl wieder erleben, das wir verspürten, als wir die Geliebte zum ersten Mal sahen, berührten. Wie ein Junkie, der aus seinem Rausch erwacht, seine Augen aufmacht und die traurige Realität erkennt, brauchen wir den nächsten Schuss. An dieser Stelle entscheiden unsere persönliche Reife und unsere Willensstärke darüber, ob wir der Sehnsucht nach Romanzen erliegen oder ob unsere kindliche Schwärmerei in echte, erwachsene Liebe übergeht.

Viele Männer versuchen, den Kitzel des Sich-Verliebens immer und immer wieder aufs Neue zu erfahren. Es ist eine reizvolle Angelegenheit, ohne Zweifel. Einen neuen Menschen, einen fremden Charakter mit bisher unbekannten Eigenschaften kennen zu lernen, ist spannend. Wir alle wissen, dass wir am Anfang einer neuen Beziehung die Vorzüge unseres Gegenübers wie mit einem Vergrößerungsglas betrachten. Dass der Mensch, der uns gegenübersteht, auch Nachteile hat, Charaktereigenschaften, mit denen wir wahrscheinlich weniger anfangen können, entgeht unserer Aufmerksamkeit. Es ist nicht so, dass wir das Negative nicht sehen wollen. Wir können es ganz einfach nicht wahrnehmen. Alles, was unsere Augen am anderen erkennen, ist schön. Und nicht nur das: Es ist ganz einfach wunderbar.

Jene Männer, die ihre Beziehungen beenden, bevor sie vom Alltag eingeholt werden, werden nie tief genug eintauchen in die vielen Geheimnisse, die sich erst mit der Zeit offenbaren. Liebe, die einige Jahre auf dem Buckel hat, bietet Kontinuität, Vertrauen und Sicherheit. Sie muss nicht unbedingt in Langeweile erstarren. Gewiss, es erfordert Anstrengung und den Willen von beiden Partnern, einander jeden Tag aufs Neue herauszufordern und an dem gemeinsamen „Projekt" zu arbeiten. Aber es lohnt sich. Denn die Tiefe der Erfahrungen mit dem Partner, aber auch mit sich selbst, ist nur auf diesem Weg möglich. Im anderen erkennen wir unser eigenes Wesen. Wie ein Spiegel tritt die Frau dem Mann gegenüber und umgekehrt. Je mehr wir uns aufeinander einlassen, umso mehr erfahren wir über uns selbst. Und es können jedes Mal neue, bisher unbekannte Dinge sein, die wir aneinander entdecken. Das Sich-Öffnen für den anderen macht uns zugleich offen für den Blick ins eigene Innere. Wenn wir uns auf das Wagnis einlassen, das Neue im Bekannten zu erforschen, werden wir unsere Sehnsucht nach Romanzen stillen können.

Diejenige der drei Sehnsüchte des Mannes, die sich zu einer echten Sucht im medizinischen Sinne auswachsen kann, ist jene nach Sex. Welche Mechanismen dabei wirken, ist zwar noch nicht im Detail erforscht, aus der Beobachtung lässt sich jedoch nach Ansicht einiger Forscher schließen, dass es sich dabei tatsächlich um eine Sucht handelt. Hierbei geht es nicht um dem Körper von außen zugeführte Stoffe. Daher dürfte ihr Mechanismus so ähnlich funktionieren wie derjenige anderer, nicht an chemische Stoffe gebundener Süchte, wie zum Beispiel der Spielsucht. Da ich aber kein medizinisches Buch schreibe, möchte ich die männliche Sehnsucht nach Sex nicht unter dem Blickwinkel einer echten, pathologischen Sucht betrachten.

Viele Männer leben sich in ihrer Jugend sexuell so richtig aus. Und irgendwann lernen sie eine Frau kennen, die sie als Partnerin auswählen und mit der sie zusammenbleiben wollen. Zwar gibt es keine Garantie für ewiges Glück – in Österreich zum Beispiel wird jede zweite Ehe geschieden –, doch lösen sich Männer durch das Eingehen einer festen Bindung von dem

Drang, jede attraktive Frau erobern zu müssen. Dennoch gibt es viele Männer, die ihren animalischen Instinkt, ihre Gier nach Sex nicht in ihre Persönlichkeit integrieren können. Für sie geht die Jagd ewig weiter. Und obwohl sie nach jedem vollzogenen Akt genauso unbefriedigt sind wie davor, können sie nicht damit aufhören, nach dem nächsten und übernächsten Ausschau zu halten. Was ist es, das viele Männer in Bezug auf Sex so unersättlich sein lässt?

Die Eroberung liegt ihnen – so scheint es zumindest – im Blut. Und das bezieht sich eben nicht nur auf die Erforschung fremder Länder und die Entwicklung neuer Technologien. Der Reiz des Neuen ist es auch, der beim Sex lockt. Ein neues Gesicht, das anziehend wirkt, ein neuer Geruch, der die Nase betört, das Gefühl beim Berühren der Haut einer Frau, die man soeben erst kennen gelernt hat: All das übt eine unwiderstehliche Anziehung auf einen Mann aus. Die Figur, der Gang, Farbe und Duft ihrer Haare – ein neuer, noch unbekannter Kontinent, der erforscht, erobert und mit all seinen Reizen genossen werden will. Und auch die Bewegungen beim Sex, der neue Geschmack, die ungewohnten Geräusche, das Seufzen und Stöhnen einer neuen Stimme: All das fordert die sexuelle Gier heraus. Auch wenn sie niemals endgültig befriedigt werden kann. Und weil es keine echte Befriedigung ist, sondern nur eine Ersatzbefriedigung, wird dieser Mann nicht satt, sondern bleibt hungrig.

Es stimmt: Männer brauchen den Kick auch deswegen, um sich Selbstbestätigung zu holen. Aufgewachsen in permanenter Konkurrenz zu anderen Männern, brauchen sie jede Form von Beweis ihrer

Unbesiegbarkeit. Die erfolgreiche Eroberung einer Frau, die im Sexualakt ihren Abschluss feiert, ist nur eine von vielen Möglichkeiten zur Selbstbestätigung. Und es ist vielleicht die schönste von allen, da sie den Mann wegführt von all dem, was er üblicherweise tut, um Erfolg zu haben. Die Rationalität, seine Vernunft, mit der er im Berufsleben Siege einfährt, indem er Strategien entwickelt und klug agiert, darf hier endlich Pause machen. Er braucht sie vielleicht noch zu Beginn der Eroberung. Aber sobald es „zur Sache" geht, lässt er sie beiseite und gibt sich ganz der Irrationalität seiner animalischen Kraft hin. Der Mann, der die meiste Zeit unter dem Fluch des Denkens leidet, durchbricht beim Sex die Wasseroberfläche der Kultur und taucht ein in die tiefen Abgründe seiner Natur. Das rauschhafte Erleben, dem er sich ganz hingeben kann, beinahe bis zur Besinnungslosigkeit, hat echtes Suchtpotenzial.

Männer sind ängstlich und unsicher, aber die Frauen dürfen es nicht wissen.

Es ist nicht so, dass Männer unter dieser Sehnsucht leiden. Sie genießen sie ohne Zweifel. Aber die Annahme vieler Frauen, Männer könnten es sich aussuchen, ob sie auf diese Art empfinden oder nicht, trifft nur selten zu. Der Mensch ist ein Tier und als solches manchmal auch Sklave seiner Animalität. Beim Sex stimmt das in besonderem Maße. Dass Frauen Wert darauf legen, dass wir Männer ihnen treu sind, verstehen wir. Und wir bemühen uns und kämpfen gegen den Dämon unserer Leidenschaft, der uns treibt und immer wieder in Versuchung führt.

Um unsere Süchte im Zaum zu halten, müssen wir uns jeden Tag aufs Neue hinterfragen. Wir müssen uns selbst und unseren Partnerinnen unsere Ängste und Zweifel, aber auch unsere Bedürfnisse eingestehen und ehrlich und offen darüber sprechen. Nur wenn wir unseren Partnerinnen vertrauen, können wir darauf hoffen, dass auch sie uns vertrauen und uns helfen. Und dann werden wir unser Leben in all seiner Fülle und vorbehaltlos zusammen genießen.

Sollen Frauen Männer ändern?

Bevor wir uns an die Klärung dieser Frage machen, muss zuerst noch eine andere wichtige Frage beantwortet werden: Können Frauen Männer überhaupt ändern?

Als ich vor kurzem auf einem Seminar vor einem Unternehmerehepaar davon gesprochen habe, dass Frauen Männer eigentlich nicht ändern können, ist Folgendes passiert: Die Frau begann plötzlich zu weinen. Was war geschehen? Sie hatte erkannt, dass all ihre Versuche, ihre Mühen der letzten 20 Jahre völlig umsonst gewesen waren. Nicht, dass ihr das nicht selbst schon längst klar gewesen wäre. Unbewusst hat sie es nämlich schon immer gespürt. Aber in dem Moment, wo ich es ausgesprochen habe, ist es ihr zum ersten Mal so richtig zu Bewusstsein gekommen.

Was bedeutet es, einen Menschen zu ändern? Soll er in seinem Wesen, seinen Charakterzügen ein anderer werden? Oder geht es bloß darum, manche seiner Verhaltensweisen anzupassen? Denn das ist nicht dasselbe. Man kann einen Menschen, der gewisse unerwünschte Dinge tut, „umerziehen". Man kann ihn dazu bringen, diese Dinge zu unterlassen. Denn wenn es sich dabei um angelernte Verhaltensweisen handelt, ist es tatsächlich möglich, sie zu verändern. Ein Beispiel habe ich bereits erwähnt: die lästige Angewohnheit mancher Männer, die Klobrille nicht nach oben zu klappen. Das ist selbstverständlich keine natürliche Eigenschaft, die im Wesen des Mannes genetisch verankert ist. Es ist nichts anderes als eine schlechte Gewohnheit.

Anders sieht es dagegen bei den Eigenschaften der Männer aus, die biologisch bedingt sind. Das Nachgaffen bei anderen Frauen zähle ich zum Beispiel dazu. Denn das geschieht meistens nicht einmal bewusst. Männer sind eben so. Hier auf eine Veränderung zu pochen, ist ziemlich aussichtslos. Was nicht bedeutet, dass Sie Ihren Partner nicht darum bitten sollten, es zumindest zu versuchen. Aber Sie dürfen nicht enttäuscht sein, wenn es nicht klappt.

Frauen (umgekehrt gilt das natürlich genauso) sollten erkennen, ob es sich um „künstliche", also bloß angelernte, oder um „natürliche" Eigenschaften handelt. Nur aufgrund dieser Unterscheidung macht es überhaupt Sinn, sich auf das Wagnis einzulassen, Männer ändern zu wollen.

Aber warum wollen Frauen Männer überhaupt ändern?

Meistens liegt es daran, dass sie manche Verhaltensweisen ihrer Partner unerträglich finden. Doch was bedeutet „unerträglich" in diesem Zusammenhang?

Wie kommt die negative Bewertung einer Verhaltensweise zustande? Oft liegt es daran, dass wir einander mit einer bestimmten Erwartung begegnen. Und wenn diese Erwartung sich nicht erfüllt, sind wir enttäuscht. Das Wort „Enttäuschung" drückt jedoch bereits aus, worum es hier geht: Bevor wir enttäuscht werden, haben wir uns in einer Sache getäuscht. Wir haben an etwas geglaubt, haben eine Sache für wahr gehalten, die in Wirklichkeit ganz anders aussieht. Dieser Fehler wurde korrigiert. Jetzt sehen wir die Dinge mit anderen, mit klaren Augen.

Stellen Sie sich zum Beispiel vor, Sie haben den Mann Ihrer Träume kennen gelernt: humorvoll, einfühlsam, charmant, intelligent. Und dann hat er auch noch einen tollen Job, verdient gut, ist sportlich und sieht verdammt gut aus. Eigentlich der perfekte Mann. Und genau als den wollen Sie ihn auch sehen. Weil er in vielen für Sie wichtigen Bereichen gut abschneidet, reden Sie sich ein, dass er in allen Punkten in Führung liegt. Nur ist das ziemlich unrealistisch. Und wenn Sie dann einmal erkennen, dass auch er seine kleinen Fehler hat, sind Sie wahrscheinlich enttäuscht. Stellen Sie sich beispielsweise vor, er bohrt in der Nase. Damit hat Ihr strahlender Held sich selbst in Sekundenbruchteilen als grauslicher Typ entlarvt. Das Schlimme für Sie besteht nicht darin, dass er in der Nase bohrt. Denn das kann er sich wahrscheinlich abgewöhnen. Die tiefere Erkenntnis, die Sie anhand dieser Erfahrung gewinnen, lautet: Er ist ja gar nicht perfekt. Ich habe mich in ihm getäuscht. Und von nun an fallen Ihnen immer häufiger Dinge an Ihrem Partner auf, die Ihnen nicht zusagen; Kleinigkeiten, die bis dahin kaum der Rede wert waren. Und jetzt bekommen diese Fehler plötzlich eine ganz andere Dimension und untergraben das bis vor kurzem noch perfekte Bild von Ihrem Partner. Die Gefahr keimt auf, dass Ihre Gefühle für ihn erkalten könnten.

Was ich damit sagen will, ist: Vielleicht legen wir einfach die falschen Maßstäbe an unser Gegenüber an. Vielleicht sind sie zu streng. Sie passen daher nicht auf die Realität. Und dann ist es kein Wunder, wenn wir mit unserer Erwartung scheitern. Sollten Sie daraus ableiten, Ihre Maßstäbe nach unten zu korrigieren? Nicht, wenn nach unten korrigieren bedeutet, dass Sie bei den Dingen, die Ihnen wichtig sind, lockerlassen. Denn wenn die wesentliche Voraussetzung erfüllt ist, dass es sich um veränderbare Eigenschaften handelt, sollten Sie auch nicht klein beigeben.

Es ist unrealistisch, zu erwarten, man könnte einen Menschen von Grund auf umkrempeln. Das funktioniert nicht einmal mit der professionellen Hilfe eines Therapeuten. Sie können aus einem Spaßvogel nicht von heute auf morgen einen todernsten Menschen zaubern. Und ein Chaot wird selbst unter Ihren ehrgeizigen Versuchen nicht von einem Augenblick zum anderen ein Ordnungstalent entwickeln. Eine Politik der kleinen Schritte ist realistischer und daher sinnvoller. Die grundsätzlichen Fragen, mit denen Sie Ihrem Partner begegnen sollten, lauten: Was will ich eigentlich? Und wie wichtig ist mir diese oder jene Sache überhaupt? Auf was kann ich verzichten, und wo bin ich nicht bereit, Zugeständnisse zu machen?

Wenn Sie für sich eine Liste all jener Dinge erstellt haben, die für Sie wichtig sind, sollten Sie zunächst einmal offen mit Ihrem Partner über diese Dinge sprechen. Es macht keinen Sinn, wenn Sie sich hinter seinem Rücken an die Veränderung seiner Verhaltensweisen machen. Denn er ist nicht das Objekt Ihrer kreativen Schöpferkraft, kein Steinblock, aus dem Sie eine perfekte Skulptur meißeln können, sondern Partner in einer gemeinsamen Unternehmung. Und schließlich wollen Sie einen gleichberechtigten Menschen an Ihrer Seite haben und nicht einen, der außerstande ist, eigenständig zu denken und zu handeln. Eine Puppe, die Sie nach Ihrem Belieben bewegen und manipulieren können, würde Ihnen wahrscheinlich sehr schnell langweilig werden.

Sprechen Sie mit Ihrem Partner über all das, was Sie stört, und versuchen Sie dabei herauszufinden, was die Gründe dafür sind, dass er sich so verhält. Vielleicht ist ihm vieles von dem, was er Ihnen „antut", gar nicht bewusst. Vielleicht wirkt es auf Sie nur so, als wäre es böse Absicht. Einige der Probleme, die wir einander bereiten, entstehen aus Unachtsamkeit. Wenn Sie es zum Beispiel hassen, dass die elektrische Zahnbürste nach Verwendung durch Ihren Partner nass ist, weisen Sie ihn darauf hin. Wahrscheinlich fällt ihm gar nicht auf, dass dies für jemand anderen störend sein kann. Denn ihn selbst stört es ja anscheinend nicht. Wenn Sie ihn regelmäßig darauf aufmerksam machen, wird er öfter daran denken und sich bemühen, sein Verhalten umzutrainieren.

Wichtig ist dabei jedoch, dass Sie Ihre Kritik nicht als Kritik vortragen. Denn damit kann Ihr Versuch, die Dinge zu verändern, ins Gegenteil verkehrt werden. Ihr Partner wird dann vielleicht absichtlich sein Fehlverhalten fortsetzen. Denn Männer hassen es, kritisiert zu werden. Versuchen Sie es, ihm die Sache mit Humor zu erklären.

Ein sehr guter Grund, die Dinge, die Sie an ihm stören, anzusprechen, besteht darin, dass es auch ihm die Möglichkeit gibt, Dinge zu benennen, die ihn an Ihrem Verhalten stören. Das ist gut, denn bestimmt gibt es einiges, mit dem Sie Ihrem Partner das Leben unbewusst schwer machen. Aber Vorsicht: Sie haben damit begonnen, gewisse Eigenschaften und Verhaltensweisen zu beanstanden. Wenn Ihr Partner nun die Gelegenheit dazu nützt, Ihnen einen Ihrer eigenen Schwachpunkte unter die Nase zu reiben, könnte sich schnell eine Pattsituation ergeben. Vielleicht weiß er ja bereits im Voraus, dass er seine schlechte Angewohnheit nicht ändern will. Deshalb sucht er etwas an Ihnen, das zu verändern Ihnen auch nicht leicht fallen würde. Und damit hat er Sie in der Tasche. Sobald Sie ihn nämlich darauf hinweisen, dass er „es" schon wieder tut, wird er antworten: „Und was ist mit dir? Du weißt doch, wie sehr mich dein ... stört. Aber du änderst es auch nicht." Dieses Spiel führt bestimmt nicht zu dem von Ihnen gewünschten Erfolg. Denn auf diese Weise kann sich Ihr Partner jederzeit gegen Ihre Kritik und damit gegen Veränderungen seines Verhaltens immunisieren.

Wenn Sie wirklich etwas ändern wollen, stellen Sie von Anfang an klar, wie wichtig es Ihnen ist. Sagen Sie, dass Sie sich wirklich erwarten, dass Ihr Gegenüber sich bemüht, die Sache in den Griff zu bekommen. Wenn es darauf hinausläuft, dass Ihr Partner den Spieß jedes Mal umdreht, wenn Sie mit Kritik daherkommen, versuchen Sie etwas anderes. Legen Sie einen Fixtermin pro Woche fest, an dem Sie sich gegenseitig die Dinge sagen, die sie aneinander stören. Und dann nehmen Sie sich je eine Sache pro Person vor, die Sie zu verändern beabsichtigen. Dadurch drehen Sie den Spieß, den er durch seinen Gegenangriff umgedreht hat, noch einmal um. Denn jetzt bringen Sie Ihren Partner in Zugzwang. Er sieht, es ist Ihnen so wichtig, dass Sie sogar dazu bereit sind, an Ihren eigenen Fehlern zu arbeiten. Und das wird nicht nur Eindruck auf ihn machen.

Darüber hinaus ist es sinnvoll, wenn Sie Ihren Partner ab und zu loben bei Dingen, die er gut macht. Wir Männer vertragen unwahrscheinlich viel Lob und Bestätigung. Damit schaffen Sie eine positive Grundstimmung und bewirken, dass er auch für Ihre Kritik ein offeneres Ohr hat. Wenn Männer jedoch das Gefühl haben, Frauen haben andauernd etwas an ihnen auszusetzen, werden sie sich gegen jede weitere Veränderung sperren. Spätestens dann haben Sie ein echtes Problem. Sie sollten Ihre Kritik wirklich sparsam und vorsichtig einsetzen und genau überlegen, wie wichtig Ihnen die Dinge sind, die Sie ändern möchten. Und Sie sollten sich Zeit für jede einzelne dieser Verhaltensweisen nehmen. Wenn Sie jeden zweiten Tag mit einem neuen Thema daherkommen, könnte Ihr Partner das in die falsche Kehle bekommen. Dann taucht bei ihm nämlich unweigerlich das Gefühl auf: Sie hat ein Problem mit mir. Die andauernde Kritik löst bei uns Männern Selbstzweifel aus – und Angst. Denn Frauen, die uns regelmäßig kritisieren, vermitteln uns den Eindruck, mit uns als Menschen insgesamt nicht glücklich zu sein. (Männer sind ja, wie bereits erwähnt, sehr sensibel – nicht zuletzt deshalb, weil sie noch immer nicht gelernt haben, mit ihren eigenen Gefühlen erfolgreich umzugehen.)

Der indische Autor und Weisheitslehrer Anthony de Mello hat eine interessante Geschichte erzählt. Ein Freund, der um de Mellos zahlreiche Neurosen Bescheid wusste, hat einmal zu ihm gesagt: „Lieber Anthony, du brauchst dich nicht zu ändern. Ich mag dich so, wie du bist." Und ob Sie es glauben oder nicht: Von diesem Tag an hat sich de Mello verändert. Er ist seine Neurosen losgeworden. Früher ist er dauernd unter Druck gestanden, weil er geglaubt hat, er müsse sich unbedingt ändern. Und dann trifft er eines Tages auf einen Menschen, der ihn so nimmt, wie er ist. Das war tröstlich und ermutigend zugleich. Und daraus hat er die Kraft und den Willen bezogen: Jetzt ändere ich mich!

Die beste Methode, um einen Mann zu ändern, ist, ihn zu nehmen, wie er ist.

Viele Männer wollen sich nicht ändern, weil das nie von ihnen verlangt worden ist. Und warum? Weil ihre Mama sie immer so geliebt hat, wie sie sind. „Ich liebe dich so, wie du bist!", bekamen sie als Kinder immer wieder zu hören. Sie sind es ganz einfach nicht gewohnt, kritisiert zu werden. Die Angst, die sich bei kritischem Dauerfeuer durch die Partnerin bei Männern einstellen kann, lautet: Sie wird sich von mir trennen. Oder noch schlimmer: Sie hat schon einen anderen. Und der ist besser als ich. Wenn diese Angst unbegründet ist, bemühen Sie sich doch bitte, sie gar nicht erst aufkommen zu lassen. Kritik und die Bitte um Veränderung sollten immer eingebettet sein in die Hauptbotschaft: Ich liebe dich und bin gerne mit dir zusammen. Denn wenn das einmal feststeht und klar kommuniziert wird, können Sie jede nur erdenkliche Kritik vortragen, die Ihnen am Herzen liegt. Sie können ja auch ergänzend dazu sagen, dass Sie überhaupt nur deshalb Dinge beanstanden, weil Sie Ihren Partner lieben und großes Interesse daran haben, dass Sie beide, er und Sie, sich gemeinsam verändern, reifen und Ihre Beziehung miteinander weiterentwickeln. In einem auf Liebe basierenden Miteinander können und dürfen Probleme, die man mit Verhaltensweisen des Partners hat, jederzeit offen angesprochen werden. Und ein Partner, der Sie wirklich liebt, wird sich bemühen und sein Bestes geben, um Sie glücklich zu machen. Wenn es sich um Dinge handelt, die er verändern kann, wird er es auch versuchen. Unterstützen Sie ihn dabei und haben Sie ein wenig Geduld.

Männer ...!

Unsere Reise nähert sich ihrem Ende. Gemeinsam haben wir versucht, die verschlungenen Pfade der männlichen Seele zu beschreiten und uns einen Weg zum Verständnis ihrer Eigenheiten und Abgründe zu bahnen.

Nach all dem, was ich Ihnen jetzt erzählt habe, könnten Sie mich zu Recht fragen: „August, jetzt einmal ganz im Ernst: Bist du eigentlich froh darüber, ein Mann zu sein?" Was meinen Sie, wie meine Antwort wohl lauten würde?

Weitere Bücher

von August Höglinger

Zeit haben heißt NEIN sagen

NEIN sagen ist eine Schlüsselqualifikation für den Umgang mit der Zeit. Die vorgeschlagenen Methoden, Tipps und Anregungen sind zu 100 % in die Praxis umsetzbar, einfach anwendbar und äußerst wirkungsvoll. Das Arbeitsbuch besteht aus 52 Arbeitsblättern (für die Wochen des Jahres). Es begleitet Sie im Idealfall ein Jahr lang als Ihr persönlicher Berater oder Coach und verhilft Ihnen bei konsequenter Anwendung zu mehr Zeit und Lebensqualität.

ISBN: 978-3-9501137-0-9

Inthronisation

In diesem Buch werden die wesentlichen Rituale der Übergabe von Führungsmacht beschrieben. Werden bei der Verabschiedung des „alten Regenten" und bei der Einsetzung des „Thronfolgers" auch nur kleinste Fehler gemacht, so kann das weit reichende negative Folgen für das Unternehmen, die Mitarbeiter und die Führungskraft selbst haben. Dieses Buch leistet einen wichtigen Beitrag zur erfolgreichen Neubesetzung von Führungspositionen. Ein Ratgeber für alle, die für die Wahl des richtigen Kanditaten verantwortlich zeichnen. Chefs, Personalberater, Trainer und Regenten in spe sind eingeladen, die Spielregeln der Inthronisation kennen zu lernen.

ISBN: 978-3-9501137-4-7

Die Sprache des Körpers

In diesem Nachschlagewerk der Körpersprache erhalten Sie Antworten auf folgende Fragen:

- Was sagen mir Haltung und Stand eines Menschen?
- Was kann ich aus dem Sitzen und Gehen ablesen?
- Welche körpersprachliche Hinweise bekomme ich bei der Begrüßung?
- Wie deute ich Gestik und Mimik richtig?
- Welche Rolle spielen die Sinnesorgane in der Körpersprache?
- Welche animalischen Gesetze wirken hinter der Sprache des Körpers?

Wenn Sie körpersprachliche Ausdrücke besser verstehen oder ihre eigenen klarer kommunizieren wollen, dann schlagen Sie in diesem Wörterbuch nach.

ISBN: 978-3-9501137-5-4

Grenzen setzen bei Erwachsenen

In diesem Buch geht es um die Grenzen und Reviere bei Erwachsenen im privaten und beruflichen Umgang miteinander. Es soll jenen helfen, die sich schwer tun, Grenzen zu setzen und NEIN zu sagen. Zahlreiche Vorschläge und Übungen zur Lösung von Grenz- und Revierproblemen werden angeboten. In 29 lebensnahen Geschichten kann sich jeder mühelos mit den behandelten Problemstellungen identifizieren.

ISBN: 978-3-9501137-1-6

Lebensziele finden

Mit Arbeitsbuch zur praktischen Anwendung.

Sie suchen neue Perspektiven in Ihrem Leben? Stellen sich immer öfter die Frage nach dem eigentlichen Sinn Ihres Lebens? Finden Sie Ihr Lebensziel und machen Sie sich auf den Weg. Denn der erste Schritt zählt.
10 Fragen (im beiliegenden Arbeitsbuch) helfen Ihnen, Ihre persönlichen Antworten zu finden. Dieses Buch dient als Wegweiser und Begleitung auf dem Weg zu einem erfüllten Leben.

ISBN: 978-3-9501137-6-1

Loslassen ohne zu vergessen

Wie ich loslassen lernen kann: Dieses Buch ist ein praktischer Ratgeber zum Loslassen. Sie lernen die zehn Schritte des Loslassens, die im Todesfall oder bei einer Trennung zu gehen sind. Wertvolle Hinweise zum Trauern und zum Umgang mit Trauernden ergänzen die zehn Schritte des Loslassens. Sie werden wieder frei – ohne das Vergangene vergessen oder verdrängen zu müssen.

ISBN: 978-3-9501137-3-0

Lust auf Meditation

Sie sollten dieses Buch lesen, wenn Sie nach Klarheit in wichtigen Fragen und Entscheidungen suchen, wenn Sie innerlich ruhiger und ausgeglichener werden wollen, wenn Sie das Meditieren praktisch erlernen oder einfach nur Grundlegendes über Meditation erfahren möchten. Meditationslehrer, Coach und Autor August Höglinger gibt Antworten auf Fragen, die sich jeder einmal stellt.

ISBN: 978-3-9501137-2-3

CDs

von August Höglinger

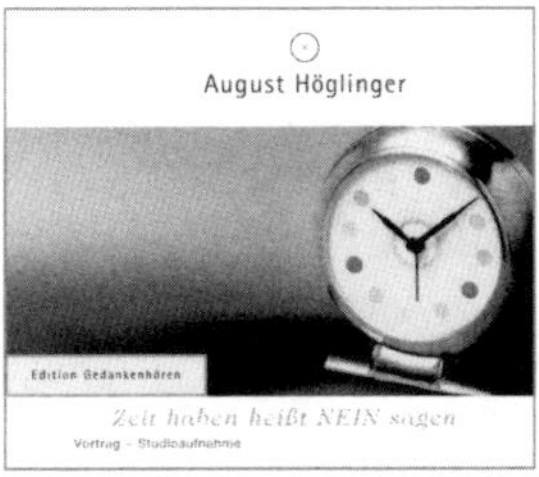

Zeit haben heißt NEIN sagen
Vortrag – Studioaufnahme
ISBN: 978-3-902410-00-9

Die Firma – unsere 2. Familie
Vortrag – Studioaufnahme
ISBN: 978-3-902410-04-7

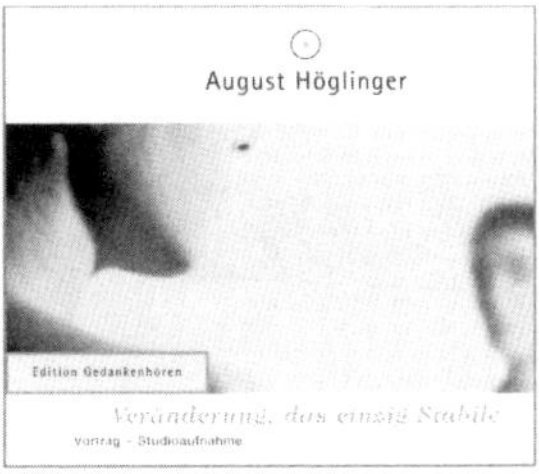

Veränderung, das einzig Stabile
Vortrag – Studioaufnahme
ISBN: 978-3-902410-03-0

Grenzen setzen bei Erwachsenen
Vortrag – Studioaufnahme
ISBN: 978-3-902410-01-6

Lebensziele
Vortrag – Studioaufnahme
ISBN: 978-3-902410-09-2

CDs

von August Höglinger

Leben in gelungenen Beziehungen
Vortrag – Studioaufnahme
ISBN: 978-3-902410-06-1

Männer – was Frauen über sie wissen sollten
Vortrag – Studioaufnahme
ISBN: 978-3-902410-07-8

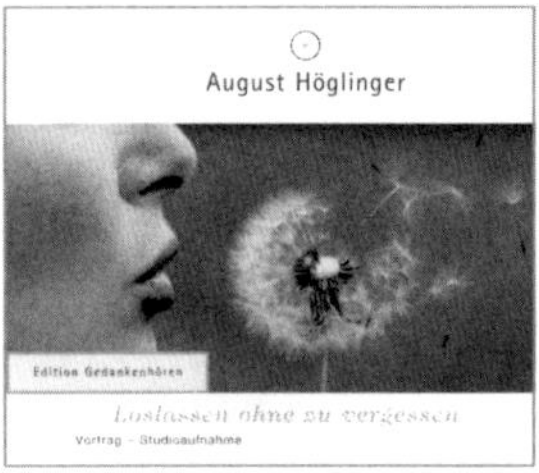

Loslassen ohne zu vergessen
Vortrag – Studioaufnahme
ISBN: 978-3-902410-08-5

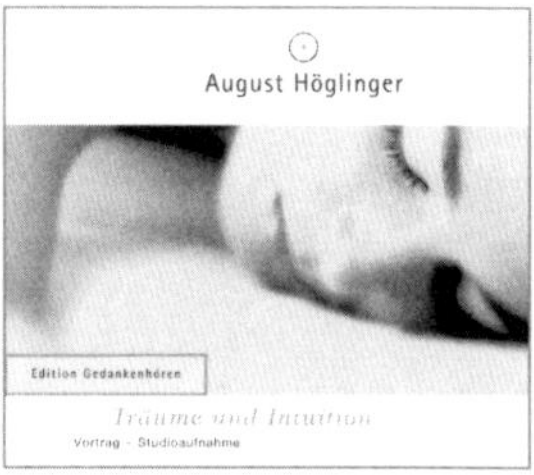

Träume und Intuition
Vortrag – Studioaufnahme
ISBN: 978-3-902410-05-4

Der Weg nach Innen – Meditation
Vortrag – Studioaufnahme
ISBN: 978-3-902410-02-3

August Höglinger

Der Begleiter und Autor

Der Autor begleitet seit Jahrzehnten Menschen auf ihrem persönlichen und beruflichen Weg.
Diese Lebenserfahrungen teilt er in seinen Büchern und Vorträgen seit vielen Jahren mit seinen Lesern und Zuhörern. Sein Blick auf das Wesentliche macht seine Publikationen so wertvoll.

MEDITATION

Klangschalen-Meditation
Liveaufnahme
ISBN: 978-3-902410-11-5

GEFÜHRTE MEDITATION

Meditation für Körper und Seele
Liveaufnahme
ISBN: 978-3-902410-10-8

www.hoeglinger.net
das Programm

- Seminare
- Lehrgänge
- Coaching
- Vorträge